Gerhard Matzig

Meine Frau will einen Garten

Vom Abenteuer, ein Haus
am Stadtrand zu bauen

Goldmann Verlag

Originalausgabe

Dieses Buch erhebt keinen Faktizitätsanspruch. Es basiert zwar zum Teil auf wahren Begebenheiten und behandelt typisierte Personen, die es so oder so ähnlich gegeben haben könnte. Diese Urbilder wurden jedoch durch künstlerische Gestaltung des Stoffs und dessen Ein- und Unterordnung in den Gesamtorganismus dieses Kunstwerks gegenüber den im Text beschriebenen Abbildern so stark verselbständigt, dass das Individuelle, Persönlich-Intime zugunsten des Allgemeinen, Zeichenhaften der Figuren objektiviert ist.

Für alle Leser erkennbar erschöpft sich der Text nicht in einer reportagehaften Schilderung von realen Personen und Ereignissen, sondern besitzt eine zweite Ebene hinter der realistischen Ebene. Es findet ein Spiel des Autors mit der Verschränkung von Wahrheit und Fiktion statt. Er lässt bewusst Grenzen verschwimmen.

FSC
Mix
Produktgruppe aus vorbildlich
bewirtschafteten Wäldern und
anderen kontrollierten Herkünften
Zert.-Nr. SGS-COC-1940
www.fsc.org
© 1996 Forest Stewardship Council

Verlagsgruppe Random House FSC-DEU-0100
Das FSC-zertifizierte Papier *Super Snowbright* für dieses Buch
liefert Hellefoss AS, Hokksund, Norwegen.

1. Auflage
Copyright © der Originalausgabe 2010
by Wilhelm Goldmann Verlag, München,
in der Verlagsgruppe Random House GmbH
Satz: Uhl + Massopust, Aalen
Druck und Einband: GGP Media GmbH, Pößneck
Printed in Germany
ISBN 978-3-442-31201-6

www.goldmann-verlag.de

Vor langer Zeit behauptete der Gelehrte Kopernikus, dass die Erde eine Kugel ist. Aber die Menschen glaubten ihm nicht. Sie sind waren davon überzeugt, dass sie auf einer Scheibe leben. Sie dachten, wenn man sich zu weit an den Rand wagt, fällt man von der Erde runter.

Auch ich finde Ränder gefährlich, ganz besonders Stadtränder mit Häusern und Stadtrandgärten. Wenn man sich dorthin wagt, fällt man womöglich runter.

Familie Semmeling: Einmal im Leben
Ein kleines Haus am Stadtrand /
Mit einem großen Zaun /
Damit die andren Leute nicht drüber schaun /
Wo ich nach Feierabend /
Nicht mehr gestört sein will /
In unsrem Haus am Stadtrand /
Da steht die Erde still.

Talking Heads: Once In A Lifetime
And you may find yourself living in a shotgun shack /
*And you may find yourself in another part
   of the world /*
*And you may find yourself behind the wheel of a
   large automobile /*
And you may find yourself in a beautiful house /
with a beautiful wife /
And you may ask yourself… How did I get here?

Wie es kam, dass die Erde nach Feierabend still stand? Und wie ich hierher geraten konnte? In dieses wunderschöne Haus am Stadtrand, umgeben von einer wunderschönen Frau und großen Zäunen, von Gartenzwergen und Bayernfahnen, dazu angehalten, den Rasen zwar nicht zwischen 12 und 14 Uhr, dafür aber grundsätzlich am Samstag zu mähen? Wie all das geschehen konnte? Gute Frage, wirklich, das ist eine sehr gute Frage.

1. Kapitel, in welchem eine Familie vorgestellt wird, die sich morgens um halb sieben anhört wie ein sinkender Flugzeugträger. Eine schlimme Krankheit wird beim übermüdeten männlichen Familienvorstand vermutet, aber dann doch nicht bestätigt. Wenn man jedoch gesund ist, denkt seine Frau, kann man dann nicht auch ein Haus bauen?

Das Bett knarzt. Pia grummelt im Schlaf. Deshalb verharre ich mitten in der Bewegung, was meine Bauchmuskeln genau eine halbe Sekunde mitmachen. Dann sacke ich ächzend zurück ins Kissen. Pia grummelt jetzt nicht mehr im Schlaf, sondern im Ärger. Sie dreht den Kopf zu mir rüber und sagt: »Fünf. Es ist fünf Uhr. Fünf Uhr früh. Kannst du schon wieder nicht schlafen?« Sie macht das kleine Licht an ihrer Seite an und setzt sich auf. Meine Frau schaut mich jetzt zugleich zärtlich, sorgenvoll und supersauer an. So einen Blick hat nur Pia drauf. Sie hat grüne Augen. »Schlaf weiter, Pia«, sage ich.

»Würde ich ja gerne«, antwortet sie, »aber da liegt ein Mann neben mir, der immer zwischen drei und sechs aufwacht und sich über mich beugt, um nachzuschauen, wie spät es ist. Das hört sich nach anstrengenden Situps an, weil du dabei meistens röchelst, weshalb ich aufwache. Immer zwischen drei und sechs.«

»Tschuldigung.«

»Schon gut. Warum nimmst du den Wecker nicht auf deine Seite?«

»Ich will keinen Wecker. Der Wecker tickt. Und beim Ticken hört man, wie die Zeit vergeht. Mein Leben vertickt. Ich bin 45 Jahre alt, und der Wecker sagt dazu: tick, tick, tick. Und du willst, dass wir alle in ein Haus an den Stadtrand ziehen, und der Wecker sagt dazu tick, tick, tick...«

»Blödsinn. Du tickst ja nicht richtig, Liebling. Komm, schlaf weiter. Mach dir keine Sorgen. Wir finden eh nie ein Haus.« Sie gähnt und kuschelt sich seufzend wieder in ihr Kissen.

»Ich kann nicht schlafen.«

»Hmmm. Warum nicht?«

»Weil du einen Garten willst. Und so, wie du ein Haus für uns suchst, wirst du auch eines finden. Meine Tage hier in dieser Wohnung sind gezählt. Tick, tick, tick.«

Pia hört das nicht mehr, sie ist schon wieder eingeschlafen. Vermutlich träumt sie vom Garten. Ihr Traum ist mein Alptraum. Seit Monaten kann ich nicht mehr richtig schlafen und wache immer viel zu früh auf. Garten, Haus, Vorort, S-Bahn, ein Leben in Verschuldung und an der Peripherie. Und am Samstag immer zum Gartencenter. Tick, tick, tick. Der Wecker klingt hämisch. Und auch ein bisschen wie eine Bombe. Als wollte mir der Wecker sagen, dass mein Leben, so wie ich es kenne, bald vorbei sein wird. Da soll man schlafen können.

Draußen vor dem Schlafzimmerfenster weiß der aufziehende Münchner Herbstmorgen nicht genau, ob er sich noch wie ein frisch gebügelter Spätsommertag oder schon wie ein knittriger Frühwintertag anfühlen soll. Ich bin, in der Mitte meines Lebens angekommen, ebenso müde wie schlaflos.

Auf Pias Seite stapeln sich seit Monaten Zeitschriften rund um den Nachttisch, die Traumhäuser präsentieren. Perfekte Häuser mit perfekten Menschen darin. Pia lässt mir Zeit, aber sie hört auch nicht auf, Hausbesichtigungstermine zu vereinbaren. Oder gleich vom Hausbau zu sprechen. Vom »großen Abenteuer«, wie sie sagt. So habe ich mir Termine beim Küchenplaner und Entscheidungen über Fliesenmuster auch immer vorgestellt: als das große Abenteuer meines Lebens. Fehlt nur noch, dass wir eine Musterhausausstellung besuchen. So weit kommt's noch, denke ich und wälze mich wieder herum. Die Laune ist nicht so besonders. Die Ehe zur Zeit auch nicht.

Ich würde gern weiterschlafen. Oder aufstehen. Die Unentschlossenheit macht wach und müde zugleich. Ein Dilemma. Ist das Problem eines Mitte-des-Lebens-Lebens nicht vielleicht einfach diese Mitte? Ich bin deshalb zur Zeit für jedes Extrem zu haben. Knittriger Wintertag, denke ich, genau, ich bin jetzt einfach mal für Wintertag. Man muss die Ränder suchen in der Mitte des Lebens. Aber nicht unbedingt die Ränder der Stadt. Pia will ein Haus mit Garten am Stadtrand. Ich nicht.

Einen Winterwolkentag wünsche ich mir. Winterwolkentag hört sich nach Bettdecke an. Bettdecke heißt Schlaf, und an Schlaf wäre mir gelegen. Noch eine Stunde, höchstens anderthalb, dann stehen unsere Kinder Julia, Anton und Max auf, erst eins, dann zwei, dann drei – und dann auch meine Frau. Es wird noch nicht halb sieben sein, und schon wird mein Leben sein, als spiele es sich auf dem Deck eines Flugzeugträgers ab, der in Kriegshandlungen verwickelt und soeben von einem Torpedo gerammt wurde.

Erst brüllt der Kapitän: »Schadensmeldung! Ich brauche einen vollständigen Schadensbericht!« Dann brüllt der Erste Offizier: »Maschinenausfall. Wassereinbruch achtern. Wir schalten um auf Notstrom. Schlagseite. Vierzehn Grad. Wir sinken.« Dann wieder der Kapitän: »Okay Leute, raus, alle raus hier.« Und mitten im Getümmel höre ich Anton heulen. Er heult, weil ihm sein Bruder eine wichtige Indiana-Jones-Figur aus dem Lego-Sortiment entwendet hat. Dann brüllt Max, weil Anton ihn dafür geschubst hat. Dann brüllt Julia, weil sie als Älteste findet, dass sich ihre jüngeren Brüder nicht so aufführen sollen. Sie spielt gerne die Ersatzmama und entwickelt wegen ihrer Brüder frühe Merkmale eines spätsozialistischen Blockwarts. Dann brüllt Pia. Sie findet, dass sich ihre Tochter nicht als Ersatzmama und schon gar nicht wie ein Ersatzblockwart aufführen soll.

Dann brülle ich. Weil ich finde, dass sich meine Familie nicht so aufführen soll. Und dann auch einfach so. Einfach, weil ich nicht weiß, ob ich ein Haus bauen soll. Und weil ich müde bin.

Schlaf wäre gut. Und dazu eine dicke Decke, die man über alles wie Pulverschnee breiten könnte: über die Gedanken zu Immobilienkrediten, über Baukostensteigerungsnachrichten und Gartencenterprospekte, über neue Schulen für die Kinder und über eine Zukunft im Vorort. Und dann schlafen, einfach nur schlafen. Nur dass ich nicht schlafen kann.

Generell bin ich kein Frühaufstehertyp. Keiner, der sich die Manschetten zupft und dabei in der Lage ist, nach interessanten Insidergeschäften auszusehen. Ich bin Zehenwackler.

Einfach der Typ, dem eine Frau, wenn er zermalmt aus dem demütigenden Fitness-Training kommt, nicht ohne weiteres sagen darf, dass sie so ein ganz kleines Bäuchlein extrem süß findet. Ich weiß, was von solchen Sätzen zu halten ist. Frauen, die sich als Bäuchleinliebhaberinnen outen, sind die Allerersten, wenn irgendwo 25-jährige Sixpack-Tennistrottel günstig im Angebot sind.

Wahrscheinlich denke ich einfach nur zu viel über Könnte, Wäre, Hätte, Würde & Sollte nach. Das sind meine neuen Freunde, morgens ab drei Uhr.

Die Zehen wackeln wieder ein bisschen. Pia findet, dass ich zuviel ins Kino gehe. Ich würde dann immer Kinoszenen nachspielen und das Ergebnis mit dem richtigen Leben verwechseln. Ich überlege, ob mir eine berühmte Zehenwacklerszene einfällt. Nein, keine einzige. Eastwood, denke ich, würde nie mit den Zehen wackeln.

Ich könnte noch schlafen, aber ich kann nicht. Ich könnte aufstehen, aber ich kann nicht. Ist das nicht dumm? Dumm wie: Lehman-Papiere von der KfW-Bank zu kaufen. Unklug wie: Chefverkäufer für Monstertrucks werden zu wollen. Zukunftsfähig wie das Amt des CDU-Vorsitzenden in Berlin.

Was kann schon aus einem Morgen werden, der damit beginnt, dass man aufstehen soll? Das ist ein grundsätzliches Problem. Ein Morgen aber, der damit beginnt, dass man nicht schlafen kann bis zu dem Zeitpunkt, da man aufstehen muss, hat noch einen Tick weniger Potential.

Folglich probiere ich es mit einem Wiedereinschlafsatz, den ich vor mich hinmurmle, leise, ganz leise: »Ich will einen Garten.« Dann schneller: »Ich will einen Garten, einen Garten, einen Garten, Garten, Garten, Garten, Ga, Ga...«

In »Manche mögen's heiß« gibt es eine Szene im Zug. Joe und Jerry, zwei heruntergekommene Jazz-Musiker, dargestellt von Tony Curtis und Jack Lemmon, sind auf der Flucht aus Chicago und vor Gamaschen-Colombo. Sie flüchten sich, verkleidet als Josephine und Daphne, in den abfahrenden Zug einer Damenkapelle. Nun wird es Nacht, und Jerry-Daphne kann nicht schlafen in einem ganzen Abteil voller Mädchen, die zum Beispiel Sugar heißen und die Instinkte eines Mannes wachhalten. Er sagt sich deshalb zum Rhythmus der Eisenbahnräder: »Ich bin ein Mädchen, ein Mädchen, ein Mädchen, ein Mädchen...«

Laut unterbreche ich meine Garten-Einschlaf-Formel und sage: »Lüge. Ich bin kein Mädchen, und ich will keinen Garten. Ein Garten ist was für Mädchen. Ich bin Joe, nicht Daphne.«

Pia grummelt wieder, wacht aber zum Glück nicht auf. Sie kann es nicht leiden, wenn ich Kino-Zitate auf mein Leben anwende. Nur dann, wenn sie ausgesprochen gute Laune hat, lässt sie sich auf mein Lieblingsspiel ein: Zitate erkennen. Ich sage dann zu ihr beispielsweise: »Da bin ich am wenigsten verletzlich.« Und sie muss »Casablanca« sagen. Dann sagt sie: »Großartig, was sagst du? Großartig sag' ich, was sagst du?« Und ich muss sagen »Vier Hochzeiten und ein Todesfall«. Meistens fallen ihr aber die Filme nicht ein. Ich muss es ihr dann leicht machen und zum Beispiel nach einem Film fragen, in dem jemand sagt: »Also, ich finde es bei Tiffany viel schöner.« Das schafft dann sogar Pia, die gern ins Kino geht, aber ihr Leben nicht damit verwechselt. Was ich schade finde. Abgesehen davon sollte man immer in der Nähe eines Kinos wohnen. Gärten sind das Gegenteil von Leinwänden, Häuser das Gegenteil von Drehbüchern. Pia zuliebe flüstere ich jetzt: »Garten! Lüge, alles Lüge!« Ich könnte sie wecken und zu ihr sagen: »New York war seine Stadt und würde es immer bleiben.« Aber sie käme eh nicht auf »Manhattan«.

Ich schlafe wieder ein. Als der Flugzeugträger donnernd und wie immer pünktlich um halb sieben Uhr im Ozean meiner Sorgen versinkt, stehe ich auf, zerknittert wie ein Crashtest-Dummy nach dem Crash, und frühstücke mit den Kindern und meiner Frau. Morgens kann ich nie viel essen. Ein Espresso genügt. Mittags halte ich mich mit Blick auf die Blutfettwerte und zum Staunen der Kollegen deutlich zurück. Abends dann nur einen kleinen Salat – und dann stehe ich ab Mitternacht unbeobachtet in der dunklen Küche und werde nur von einer ganz kleinen Glühbirne beleuchtet. Das Licht kommt aus dem Kühlschrank, der in den nächsten dreißig Minuten zu sehen bekommt, wie man es schafft, fast den ganzen Tag über so erstaunlich wenig zu essen. Nachts liege ich dann auf einer Kugel. Das ist der Bauch, der mich nicht schlafen lässt, weil ich ständig nach links oder rechts über die Kugel abrutsche. Und weil ich Pia und den Kindern zuliebe an den Stadtrand ziehen soll, um dort, falls die Erde im Gegensatz zum Bäuchlein doch eine Scheibe sein sollte, herunterzufallen. Und weil ich heute einen Termin in der Diagnoseklinik habe.

Wenn Pia wach wird, steht sie mit Schwung auf, geht ins Bad und sitzt zehn Minuten später fröhlich und energiegeladen am Frühstückstisch. Wenn ich wach werde, wälze ich die Kugel, die Sorgen und die Frage nach dem Haus herum und sitze eine Stunde später ungeduscht und zerknittert am Frühstückstisch. Pia halte ich in solchen Augenblicken für ein Alien. Das Alien sieht mich lächelnd an.

Wir wohnen in der Münchner Innenstadt, in einer Wohnung mit knarzendem Parkett. Vor unserer Wohnung rattert die Straßenbahn die Ismaninger Straße entlang. Unter unseren Fenstern im dritten Stock ist eine Haltestelle. Alle zehn Minuten kommt eine neue Tram der Linie 18. Wenn sie kommt, hört man für einen Augenblick nicht mehr so gut. Ich frage also: »Was hast du gesagt?« Das ist die Frage, die in unserer Wohnung am häufigsten gestellt wird. Manchmal hört man auch diese Frage nicht genau. Aber das »was ...« reicht. Es ist ein interner Code. Jeder in meiner Familie weiß, dass er nach »was ...« laut werden muss. Falls die Tram aber schon wieder abgefahren ist, falls es also plötzlich ganz leise ist in der Wohnung, brüllt ein Familienmitglied in diesem Augenblick scheinbar sinnlos herum. Dann brüllen alle anderen: »Brüll doch nicht so rum.« Unsere Wohnung hört sich folglich im Zehn-Minuten-Takt an wie ein ostrumänischer Marktplatz, auf dem sich ein paar Wassermelonenverkäufer raufen. Nichts gegen Ostrumänien, ich liebe das.

»Was hast du gesagt?«

»Dass du nicht krank bist«, sagt Pia. Pia ist vernünftig und praktisch. Nur ganz selten gerät sie in die ostrumänische Brüllfalle. Sie ist die Einzige hier, die sich in unserer verwinkelten Vier-Zimmer-Wohnung auch mit leiser Stimme Gehör verschaffen kann. Pia steht an der Espressomaschine. Unsere Küche ist knallrot gestrichen. Die Sonne scheint über den winzigen Balkon in den Raum und lässt ihn leuchten.

»Wenn man sich krank fühlt«, doziert sie, »sollte man zum Arzt gehen. Wenn der nichts findet, ist man gesund. Und wenn er was findet, repariert er es. Und wenn man es nicht reparieren kann, ist das Pech. Aber du bist nicht krank.«

Anton, im Schlafanzug, den er verkehrt herum an hat, kommt dazu. Er ist sechs Jahre alt. Ein stilles, sanftes Kind. In der Küche schüttet er sich Müsli in eine Schale. Nicht in irgendeine Schale, sondern in seine Schale. Die mit dem Löwenkopf. Stille und Sanftheit hindern einen Sechsjährigen nicht am Territorialverhalten an der Tränke. Die Hälfte vom Müsli geht daneben und rieselt auf den Holzboden. Was wohl die Geologen kommender Generationen von unserem Küchenfußboden halten werden? Wahrscheinlich werden sie unter dem Müsli-Sediment noch allerlei Wissenswertes über die Ernährungsgewohnheiten unserer Zivilisation entdecken.

Anton fragt: »Ist Papa krank?« Dann geht er, ohne die Antwort abzuwarten, in sein Zimmer, das er mit seinem drei Jahre jüngeren Bruder Max teilt. Julia, die große Neunjährige, ist schon längst wach und angezogen. Sie kramt im Zimmer nebenan in ihrem Schulranzen herum, den sie am Abend vorher gepackt hat. Sie will wissen, ob auch wirklich alles an Ort und Stelle ist. Sie ist sehr genau. Anton verkündet im Kinderzimmerreich die neuesten Familiennachrichten: »Papa ist wieder krank.« Das »wieder« höre ich. Es ist, als würden im Kinderzimmer die neuesten Bulletins über meinen

Gesundheitszustand kursieren. Schnell ziehe ich mich an und gehe zurück in die Küche. Pia macht den Kindern schon die Brotzeiten für Schule und Kindergarten zurecht. Wie macht sie das nur? Sie ist kein Alien. Sie ist eine Maschine.

Müde sage ich: »Gut, ich gehe in die Diagnoseklinik, aber ich bin nicht krank.«

»Das weiß ich«, sagt Pia mit einer Zärtlichkeit, in die sich etwas Ungeduldiges mischt, »du bist nicht krank, keine Angst, du bist nicht krank. Und verschieb bitte nicht wieder den Termin.«

»Mach ich nicht.«

»So wie letztes Mal«, mahnt Pia.

»Letztes Mal habe ich die Tram verpasst.«

»Oder wie vorletztes Mal.«

»Vorletztes Mal hat es geregnet.«

Pia sagt: »Heute gehst du endlich hin. Alles wird gut. Keine Angst.«

Ich habe keine Angst, ich gehe nur nicht gern zu den Ärzten. Das unterscheidet mich von professionellen Hypochondern, die sich im Wartezimmer häuslich ausbreiten. Ich gehe deshalb nicht gern zu den Ärzten, weil ich grundsätzlich glaube, dass ich etwas habe, wovon ich aber nicht will, dass die Ärzte es auch wissen, weil sie mir dann sagen würden, dass ich etwas habe, was ich nicht haben und nicht wissen will. Komplizierte Sache.

Pia sieht das so. »Du bist jetzt 45. Also ist ein Checkup sinnvoll.« Pia ist das gesündeste Alien, das ich kenne. Oder doch eine Maschine.

In der Diagnoseklinik in der Augustenstraße gibt es einen Empfangstresen, der geschwungen ist wie die Bar in einer Lounge. »Auskunft« ist dort zu lesen, auf Deutsch, Englisch, Arabisch und Russisch. Die Mädchen hinter der Bar sehen aus, als ob sie »Germany's Next Health Care Topmodel« jederzeit für sich entscheiden könnten. Ich fühle mich auf Anhieb krank, schlecht ernährt und unsportlich. Dann werde ich untersucht.

Danach gibt es Gespräche mit Ärzten, die oft Sätze sagen, die mit »Sie sollten« anfangen, mit »Sie müssen«, »Sie dürfen nicht« oder mit »Sie haben«. Solche Sätze finde ich nicht gut, vor allem nicht die Sie-haben-Sätze.

Besser gefällt mir der »Body Control Analyzer«. Man stellt sich drauf wie auf eine Waage. Dann spuckt der Analyzer eine lange weiße Papierschleife mit Zahlen aus. Das sind meine persönlichen Koordinaten: Blutdruck, Gewicht, Fettwerte, Puls. Demnach bin ich alles in allem noch im Normbereich. Das reicht eigentlich, alles in Ordnung. »Na«, wendet der Arzt ein, »der Bodymassindex geht gerade noch in Ordnung.« Ärzte in einer Diagnoseklinik leben nicht davon, einen in Sicherheit zu wiegen.

Meine Schuhe darf ich jetzt wieder anziehen. Es sind die guten braunen Schuhe. Sie sollen mir helfen, möglichst gesund auszusehen.

Auf dem Analyzer-Zettel steht, dass heute Dienstag ist, Dienstag der 7. Oktober, 11 Uhr 37 und 34 Sekunden. Der Computer ist sehr penibel und erinnert mich an meine Tochter, die auch sehr genau ist. Genau wie Pia. Gegen 12 Uhr bin ich wieder im Wartezimmer, High Noon. Jetzt ist die Ultraschalluntersuchung dran. Der Internist trägt einen weißen Kittel und starrt auf einen Bildschirm, während er meinen Oberkörper mit einer glitschigen Sonde in Handygröße traktiert. Erst murmelt er noch beruhigend vor sich hin, sagt zum Beispiel »völlig unauffällig« oder »hmm, gut, gut, hmm«. Er erinnert mich, wie er so dasitzt und angespannt den Monitor beobachtet, an eine Filmszene. An den Diensthabenden in einem U-Boot, der am Sonar sitzt, um Feindliches zu orten. Dinge, die nicht da sein sollten, wo sie sind.

Nun passiert es. Der Mann am Sonar stockt, er begutachtet den Schirm genauer, dreht an den Reglern und sagt: »Da ist was.«

Für mich klingt das wie: »Feindliches U-Boot geortet.«

Deshalb halte ich den Atem an. Auf dem Sonar müsste man das sehen können: ein Atemzug, der vor Angst die Notbremse zieht und ruckartig zum Stehen kommt wie ein beinahe entgleisender Eilzug. »Was«, frage ich und hebe den Kopf, um einen Blick auf den Monitor zu werfen, »was ist da? Etwas, was da nicht hingehört?«

»Ein kleiner Knoten, ganz klein. Haben Sie den schon mal gespürt?«

Natürlich, du Dummschädel, denke ich, warum

sonst bin ich seit Monaten nicht zum Arzt gegangen? Doch nicht, weil es regnet oder weil die Tram weg ist. Meine Frau will einen Garten, und vor Sorge deshalb habe ich einen Tumor bekommen. So sieht's aus. Ich sage aber nur: »Stimmt, jetzt, wo Sie das sagen... das ist doch nicht bösartig?«

»Wahrscheinlich ist es natürlich nicht«, sagt der Arzt, »aber Sie könnten da theoretisch, sehr theoretisch... auch etwas nicht so Günstiges haben.«

Das ist reine Spekulation. Wahrscheinlich ist ein einziger Knoten von einer Million Knoten problematisch. Aber die Diagnoseklinik lebt von Leuten, die sich vor allem für die eine Seite der Statistik interessieren. Die 999 999 anderen Knoten sind ihnen egal. Außerdem hat die Klinik teure Maschinen, die dazu da sind, auch die allerseltensten Fälle aufzuklären.

Selbstverständlich teile ich die Vermutung, dass da was sein könnte. Obwohl ich natürlich nicht gern dasitze, während ein mutmaßlich feindliches U-Boot in meinem Körper die Torpedorohre fluten lässt.

Es gibt zwei Sorten von Ärzten. Die, die sagen: »Da ist nichts. Machen Sie sich mal keine Gedanken.« Die finde ich gut. Und dann gibt es noch die, die sagen: »Normalerweise ist da nichts, aber in wenigen, wirklich extrem wenigen Fällen... mit verschwindend geringer, ja extremst geringer Wahrscheinlichkeit...« Die zweite Sorte ist seriös, wissenschaftlich genau und alles. Aber ich finde: Sie haben ihren Job nicht begriffen. Die Leute gehen zum Arzt, damit der die Verantwortung für Unwahrscheinliches übernimmt und ansonsten die Klappe hält.

Vielleicht war es doch ein Fehler, hierher zu kommen.

Eigentlich will ich über meinen Körper nur das hören, was auch ein guter Gebrauchtwagenhändler sagen würde: »Bisschen Öl, nicht so viel auf's Gas gehen, dann macht er Ihnen noch viele Jahre Freude.«

Wieder im Wartezimmer. Endlich kommt eine vorläufige und relative Entwarnung zum Ultraschallbefund, die mir aber völlig reicht. Aus dem Stand bin ich Superman. Exakt in dieser verwirrenden Gefühlslage greife ich nach einer Zeitschrift. Pia will mich abholen, aber sie verspätet sich.

Vor zehn Minuten war ich noch todkrank. Und jetzt werde ich mindestens hundert Jahre alt. Das ist die Situation, in der ich aufgrund irrationaler Unsterblichkeitsvermutungen und angesichts meiner überraschend schnellen Gesundung eine Zeitschrift über Traumhäuser aufschlage, die ich unter normalen Umständen mit Abscheu von mir gewiesen hätte. In der Titelstory wird die Behauptung aufgestellt, dass jeder Bauherr einen bestimmten Haustyp repräsentiere. Dazu kann man den »Großen Bauherrentest« machen.

Gewissenhaft mache ich mich an die Arbeit. Frage 7 lautet: »Sie blättern in einer Zeitschrift, in der Häuser bekannter Architekten vorgestellt werden. Welche Beschreibung spricht Sie am meisten an?« Ich darf wählen zwischen dem »kühlen Ambiente einer schwebend-dynamischen Komposition«, einer »Hausform, die eingebettet ist in die Landschaft«, zwischen einer »Fülle natürlichen Lichts« und »einem Werk in bester Bautradition«. Ich kreuze alle Möglichkeiten an. Das darf man nicht, deshalb gibt es null Punkte. Offenbar kann man nicht alles haben, was komisch ist, denn das zeichnet Träume doch aus, müsste also eigentlich auch für Traumhäuser gelten. Mir wird außerdem gesagt: »Natürlich haben Sie Emotionen, aber Sie lassen sich ungern von ihnen bestimmen.« Das ist eine Lüge. Meine Emotionen bestimmen mich total. Vor allem deshalb, weil ich auf dem Grund meines Wesens kein Haus bauen will, Pia aber schon. Trotzdem sitze ich nun in einer Diagnoseklinik, überglücklich angesichts guter Nachrichten, daher denke ich: warum nicht?

Das ist der Dammbruch. Ich spüre das so genau, als würde es gleich von der Diagnosemaschine und den Leuten in weißen Kitteln bestätigt werden. Zum ersten mal in meinem Leben lasse ich den Gedanken zu, ein Haus zu bauen.

Pia kommt endlich, um mich abzuholen. Sie umarmt mich wegen der guten Neuigkeiten, sagt »siehst du« und sieht zugleich die aufgeschlagene Zeitschrift mit dem Großen Bauherrentest auf dem Rauchglastisch der Diagnose-Lounge. Sie lächelt mit ihren grünen Katzenaugen ein schönes, aber auch verdammt siegessicheres Lächeln. Wir fahren in unsere Wohnung zurück. In unsere tolle Wohnung, von der ich annehme, dass sie nicht mehr lange unsere tolle Wohnung sein wird.

Abends kochen wir zusammen. Zur Feier meiner Knoten, die sich als harmlos herausgestellt haben, mache ich Wiener Schnitzel und Kartoffeln vom Blech. Das gibt es auch deshalb, weil sich Julia, Anton und Max bisher auf kein anderes akzeptables Essen einigen konnten. Sie sind nicht gerade Kulinariker oder brennend interessiert an exotischen Gerichten.

Pia, begeistert von der seelischen Trendwende meinerseits, die so offensichtlich in der Diagnoseklinik eingeläutet wurde, drückt mir nach dem Essen noch ein paar Architekturmagazine aus ihrer Agentur in die Hand und sagt: »Dann kann es endlich los gehen.« Pia hat's mit der Kultur. Sie hat Kunstgeschichte studiert und macht jetzt PR für Architekten, Designer und Künstler. Das hat uns viele nette Abende eingebracht mit unterhaltsamen und sympathischen Leuten, die ich in aller Regel wahnsinnig nett, extrem kreativ und total unzurechnungsfähig finde.

Ich habe es mehr mit den Fakten. Ich bin Journalist bei einer Zeitung in München. Dort habe ich ein Büro in einem Hochhaus neben der Autobahn. Vom Hochhaus kann ich morgens und abends Leute sehen, die aus den Vororten kommen oder in die Vororte fahren. Von meinem Büro aus erinnern die Pendler an eine fahrende Lichterkette.

Auf keinen Fall hätte ich mich, begreife ich jetzt, mit dem Großen Bauherrentest und in beinahe tadelloser Gesundheit erwischen lassen dürfen. Pia hat eindeutig Oberwasser.

Die Zeitschriftenlektüre ist anregend. So viele schöne Häuser, aber keines davon ist in der Stadt. Ich schlafe spät ein und werde schon wieder früh wach. Ich wälze mich im Bett herum. Einerseits bin ich glücklich wegen meiner harmlosen Knoten, die ich seit Monaten für Todesboten gehalten habe, andererseits steht jetzt, da ich so gesund bin, das Hausthema neben mir am Bettrand wie ein großer schwarzer Schatten. Dass man den Tag aber auch nie ohne die Nacht haben kann. Mir kommt ein Song der Talking Heads in den Sinn, der genauso heißt wie eine frühere Fernsehserie über die Familie Semmeling, in der sich eine Familie ein Häuschen baut, wobei alles schief geht, was nur schief gehen kann. »Einmal im Leben« heißt der Mehrteiler aus den siebziger Jahren. Und »Once In A Lifetime« heißt der Song der Talking Heads. Aus den achtziger Jahren.

Ich stamme rein biographisch aus den sechziger Jahren, fernsehmäßig aus den Siebzigern, popkulturell aus den Achtzigern, und jetzt, zu Beginn des neuen Jahrtausends, mitten in einer Weltwirtschaftskrise, die sich gewaschen hat, in einer Ära, die gerade an der Mindesthaltbarkeitsgrenze ankommt, um schon bald bei Aldi oder Lidl preisreduziert angeboten zu werden, ausgerechnet jetzt soll ich ein Haus bauen. Und es sieht sehr danach aus, als wäre dieses Haus mein Einmal-im-Leben-Ding.

Deshalb mache ich mir Sorgen. Ich vermute, dass ich überhaupt kein Bauherrentyp bin. Ich bin der Miettyp.

Aber den großen Miettyptest bieten die Zeitschriften, die Träume verkaufen, nicht an.

Dinge, die sich 30 000 mal im Leben ereignen, das tägliche Aufstehen eines Mannes zum Beispiel, gehen einem irgendwann leichter von der Hand als Einmal-im-Leben-Phänomene. Selbst heiraten kann man beliebig oft. Theoretisch. Wenn man die Nerven hat und nicht katholisch ist. Und Kinder kann man dutzendweise haben. Theoretisch. Wenn man die Nerven hat und nicht in der Single-Welthauptstadt München lebt. Wie ich und Pia, die katholisch ist (ich nicht). Unsere Kinder sind übrigens auch katholisch. Die mächtigen Katholiken in unserer Familie wollen ein Haus und einen Garten. Ich nicht.

Pia will ein Haus, weil das praktisch ist. Sie will einen Garten, weil man sich dann bei schönem Wetter nicht fragen muss, wohin man denn jetzt schon wieder fahren könnte. Weil man dann keinen Parkplatz suchen muss. Weil man dann keine Einkaufstüten viele Treppen hoch und Altglas viele Treppen runter schleppen muss. Weil jedes Kind ein Zimmer haben könnte. Weil man statt der horrenden Miete auch ganz gut die Kreditzinsen und die Tilgung für das eigene Haus bezahlen kann. »Ein Haus ist die perfekte Altersvorsorge«, sagt Pia.

My home is my castle, mein Heim ist meine Burg, daheim bin ich König, trautes Heim, Glück allein: Das hört sich alles eher nach Einfamilienhäusern oder Doppelhaushälften an, als nach überraschenden Besuchen des Vermieters und Zwangslüftungsklauseln im Mietvertrag.

Es ist schwer, sich einer Argumentation zu entziehen, die im Grunde ein allgemein gültiger Lebenstraum ist. Die gängige Währung einer Utopie.

Ich frage Pia, ob sie schon wach ist.

»Hmmm?«

»Pia, wen würdest du nehmen, falls du nicht mit mir verheiratet wärst. Erstens: den Mann, der dich zum Lachen bringt? Zweitens: den Mann, der dich auf Händen trägt? Drittens den Mann mit dem Bausparvertrag?« Pia schläft schon wieder. Wie macht sie das?

Ich wecke sie nicht erneut, weil ich die Antwort kenne. Sie würde sagen, dass ich Nummer 1 und 2 perfekt repräsentiere, während sie Nummer 3 nur für eine kleine Zusatzversicherung ihrerseits hält, um die ich mir mal gar keine Gedanken machen solle.

Der Grund, warum ich als bausparloser Sonderling nicht vom Eigenheim träume, liegt in meiner Biographie. Sie ist schuld, dass ich eine gemietete Altbauwohnung mit Stuck und knarzendem Parkett für den Inbegriff eines großbürgerlichen Lebensstils halte. Denn ich habe meine Kindheit im Reihenhaus noch sehr gut in Erinnerung. Die war schön, keine Frage, behütet. Aber.

Aber.

Tatsache ist: Ich habe meiner Familie keine Wohnung, sondern mir eine Biographie abseits des Reihenhauses gemietet. Weil ich so weit wie möglich über das Reihenhaus hinauswollte. Aber immer schon wusste, dass ich hinter diesem Traum weit zurückbleiben würde.

Immer wenn ich eines unserer einhundert Jahre alten Fenster aufmache, die zur Ismaninger Straße rausgehen und auf den Englischen Garten schauen lassen, passiert Folgendes:

Erstens klemmt jedes dieser total verzogenen, undichten und verschrammten Holzfenster, von denen unentwegt die Farbe bröselt, und während sie sich nur unter Ächzen und Quietschen aufstemmen lassen, wird mir klar, warum unsere Heizkosten so surreal sind. Einmal hat der Wind eine Kerze am Fenster ausgepustet, obwohl das Fenster geschlossen war.

Zweitens wird es sofort so laut in der Wohnung, dass man auch das infernalische Nintendo-Geplärr aus den beiden Kinderzimmern nicht mehr hören kann. Denn die Ismaninger Straße liegt zwar in Sichtweite zu den Maximiliansanlagen im Englischen Garten, aber es ist trotzdem die Ismaninger Straße, also eine der Hauptaufmarschrouten für die Münchenpendler, die sich für besonders schlau halten und daher über die Ismaninger Straße nach München reindrücken statt über die Stadtautobahn. Münchenpendler halten sich in der Regel für besonders schlau. Ich vermute daher, dass die Autobahn leer ist, während sich unter unseren Fenstern Megastaus bilden. An jedem Morgen und an jedem Abend. So viel zu meiner vor Jahren entwickelten Theorie, dass, wer am Englischen Garten wohnt, auch mit Kindern keinen Garten benötigt. Im Prinzip wäre das richtig, es gilt aber nur dann, wenn kein Megastau zwischen Wohnung und Park einen am Betreten des Parks hindern würde.

Drittens aber, und das ist das eigentliche Wunder, fühle ich mich beim Öffnen der Fenster allem rationalen Verdruss zuwider in die Zeit zurückversetzt, aus der unser Wohnhaus stammt. Vor einhundert Jahren wohnten hier Leute, die perfekte, schöne Fenster öffneten, während unten an der Ismaninger Straße eine Kutsche vorbeifuhr und vielleicht, aber höchstens, noch eines dieser neumodischen Hochräder. Das Kindermädchen, das ein winziges Zimmer nach hinten raus hatte, wurde mit den Kindern in den Englischen Garten zum Promenieren geschickt, während die Köchin, auch nach hinten raus, das Mittagessen für die Herrschaft vorbereitete. Das war vor der Erfindung des Feinstaubs und der Fernpendler.

Jetzt ist es so, dass wir hauptsächlich in der ruhigen Küche nach hinten raus wohnen, während Pia und ich im früheren Kindermädchenzimmer neben Kammer und Klo schlafen. Julia, Anton und Max aber, die nach vorne raus schlafen, werden später mal nicht einschlafen können, wenn sie nicht das dauernde Gebrumm des Straßenverkehrs hören, in das sich alle zehn Minuten das Kreischen der Tram mischt.

Und das alles nur, weil ich eine altehrwürdige Altbauwohnung in einer großen Stadt dringend zum Aufpolieren meiner Provinzbiografie benötige.

Das kann ich Pia nicht erklären. Als Kind ist sie vom

Chauffeur zur Schule gefahren worden. Das Haus, in dem sie aufwuchs, ist groß, alt und in einer Art Park gelegen. Als sie sich mal ein Pony wünschte, wurde in diesem Parkgarten ein Stall gebaut. In großen Gärten fällt das nicht auf. Mit meinem Schwiegervater könnte ich Golf spielen in seinem Garten. In dem Garten, der zum Reihenhaus meiner Familie gehört, musste man sich dagegen entscheiden: Wenn der Hamsterkäfig mal in den Garten gesetzt wurde, hatten wir selbst nicht mehr viel Platz.

Deshalb liebe ich Altbauwohnungen und habe Angst vor Doppelhaushälften, Reihenendhäusern und auch vor Grillfesten. Pia ahnt nichts von meinen Ängsten, ein Kleinbürger zu sein. Und wenn doch, dann ist sie so fein, es mich nicht merken zu lassen.

Ich habe also nicht so sehr Angst vor einem Leben mit Haus und Garten, sondern davor, meine städtische, urbane, metropolitane, also ganz und gar unspießige Identität zu verlieren, auch wenn es nur eine gemietete ist.

Es gab mal eine Werbung für eine Bausparkasse im Fernsehen. Die ging so: Ein Mädchen sitzt mit seinem Vater vor einer Art Jute-statt-Plastik-Wohnwagen. Das Mädchen sieht aus, als trage sie ein Katzenfell mit Batikmuster als Pullover. Und ihr Vater sieht aus, als hielte er den Vietnam-Krieg für ein akutes Problem, wogegen man schleunigst rebellieren müsste – wenn man nur nicht so bekifft wäre. Das ganze Wohnwagen-Camp sieht aus, als habe jemand einen Cannabis-Blumentopf und die Attac-Gründungsurkunde zu einem Reservat für plakatives Unangepasstsein zusammengeschraubt. Im Hintergrund will eine Frau, die Anzeichen einer Feng-Shui-Überdosis zeigt, ihre Unterwäsche artgerecht zum Trocknen aufhängen. Ein Mann spielt Bongo.

Das Mädchen, es heißt Lena, erzählt von einer Familie, die in einem Eigenheim vor der Stadt lebe. Der Vater, Horst, sagt: »Das sind doch Spießer.« Dann erzählt das Mädchen von einer schönen Stadtwohnung. Der Vater sagt: »Auch Spießer.« Und das Mädchen sagt: »Papa, wenn ich groß bin, dann will ich auch mal Spießer werden.« Ein schöner Werbespot von irgendeiner Bausparkasse. Pia mag diese Werbung, weil sie mich und meine extrem spießige Spießerangst vor einem Spießerdasein geradezu ins Herz trifft.

Vor allem wird mir durch diese Werbung die Basis meines klar definierten Lebensgefühls entzogen, weil ein Haus vor der Stadt und eine Wohnung in der Stadt, wenn man es mal nüchtern wie Lena betrachtet, eigentlich gleich spießig oder gleich cool sein müssten. Es ist aber schlimm, wenn sich gute alte Feindbilder verabschieden.

Haus oder nicht Haus, das ist hier die Frage. Ich bin Hamlet und kann nun auch deshalb nicht mehr schlafen. Ich sehe mich zwar nicht mit Totenkopf in der Hand, aber dafür mit einem Bausparkassen-Hausmodell aus Plastik mit putzigem Ziegeldach. Daher wackle ich mit den Zehen im Takt zu »Einmal im Leben« in der Version einer 80er-Jahre-Band. Mit den Zehen wackeln, weil man nicht mehr schlafen kann, aber trotzdem zu müde ist, um aufzustehen: Das ist ein Zeichen. Man muss es ernst nehmen. Hühner picken nach Körnern oder erkunden den Hühnerstallboden, wenn sie nicht wissen, was sie tun sollen. Männer, vor allem jene in der Mitte des Lebens, picken nicht nach Körnern. Aber manche wackeln mit den Zehen. Man könnte glauben, sie erkunden in Ermangelung eines Hühnerstallbodens den Sinn ihres Lebens.

Frühmorgens schlaflos im Bett: Dort kann es einem schon mal so vorkommen, als sei der Unterschied zwischen Popsong, Leben und Hühnerstallboden nur marginal.

2. Kapitel, in welchem sich Waschbär und Halbesel gute Nacht sagen, während ein CIA-Agent, der wie Harrison Ford aussieht, genau das gleiche Problem hat, das ich auch habe: eine Frau, die einen Garten will.

Pia ruft mich im Büro an, es geht um Kleinigkeiten, ums Abendessen, um Julias Handy, das peinlich ist, weil es die Größe eines Schokoriegels hat und aus der Antike der Handykultur stammt, also zwei Jahre alt ist, es geht um eine Verabredung mit Freunden am Wochenende, um Anton, der nicht mehr zum Fußballtraining will. Solche Sachen.

In letzter Zeit verstummen meine beiden Kollegen in der Redaktion, die sich mit mir das resopalgraue Büro teilen, sobald Pia anruft. Gespräche, in denen die Worte »Haus«, »Makler« oder »Kredit« fallen, finden Oli und der Lange immer interessant. Sie sind auch Mitte 40 und haben Frauen.

Dann geht es am Telefon plötzlich um den Garten, also um alles. Der Ton wird rauer. Pia ist gerade 36 geworden und findet: Gartenmäßig läuft jetzt ihre biologische Uhr ab.

Es gibt, das weiß ich aus dem Zoo, eine Halbeselart, bei der zeichnen sich die Hengste dadurch aus, dass sie großräumig ihr Territorium markieren. »Keine Stute«, sagt das Zooschild am Halbeselzoogehege, »würde einen Hengst ohne Grundbesitz akzeptieren.« In Niederbayern kenne ich Jungbauern, die verhalten sich ebenso: Erst bauen sie ein großes Haus und eine Doppelgarage mit Rundbogen. Dann setzen sie sich in das Haus und warten, bis eine Frau sich vom Rundbogen angezogen fühlt. Manchmal klappt das.

Meine Frau, die so gerne ein Haus haben möchte, gibt mir das Gefühl, zu fünfzig Prozent ein Halbesel und zur anderen Hälfte ein niederbayerischer Jungbauer zu sein.

Pia ist nicht allein in ihrem Wunsch, einen territorial veranlagten Markier-Mann an ihrer Seite zu wissen. Das ist ein globales Phänomen. Neulich erst hat ein junger Waschbär auf der Suche nach einem eigenen Revier einen Streckenweltrekord aufgestellt.

»Kleinsäuger«, erklärt die Zeitung, die davon berichtet, »wachsen über sich hinaus, sobald sie Frau und Freiheit suchen.« Es geht in diesem Fall um Waschbär Nummer 5002, der im Müritz-Nationalpark markiert wurde, damit man sehen kann, wie weit er kommt. Denn Waschbären suchen, sobald sie erwachsen sind und ihre Mutter verlassen können, schnurstracks das Weite, wobei sie nur ein Ziel kennen: ein eigenes Revier und ein passendes Weibchen.

Nummer 5002 läuft vom Müritz-Nationalpark, ausgestattet mit Ohrmarken und UKW-Sendehalsband, bis nach Bremen. Das sind 285 Kilometer. Eine Sensation unter Waschbären.

Der bisherige Rekordhalter, weiß die Zeitung, habe es dagegen nur 95 Kilometer weit geschafft. »Dieses

Tier ist allerdings nach 95 Kilometern überfahren worden. Für Waschbärenmännchen kein ungewöhnliches Ende.«

Das ist nicht fair. Aber nicht nur das Ende des Waschbären, auch das Ende des Artikels finde ich in Hinblick auf Pias Herzenswunsch problematisch: »Irgendwann versiegt der Wanderdrang der Männchen. Sind Revier und Weibchen gefunden, widmen sie sich ganz dem Fressen und der Reproduktion.«

Wir haben aber schon drei Kinder. Und mein Bodymassindex wird ärztlicherseits beargwöhnt. Darauf weise ich Pia jetzt hin: Nur noch fressen und Reproduktion sind keine Perspektiven für mich. Sie sagt: »Du hast gar kein Revier.« Wenn sie damit ein Haus und einen Garten meint: Da hat sie Recht.

Ich kenne jemanden, der erzählt ernsthaft, es sei das Höchste, nachts im eigenen Garten gegen die Hecke zu strullen. Bisher dachte ich immer, der spinnt. Aber möglicherweise ist auch viel Waschbär und viel Halbesel in dem Mann.

Am Abend vor dem Einschlafen lese ich in einem Agentenkrimi, in dem es hauptsächlich darum geht, dass der KGB den Papst von einem bulgarischen Killer töten lassen möchte.

Dort heißt es: »Miss Margaret«, das ist das Kindermädchen, »kümmerte sich um die Kinder… Dann machten sich die Eltern auf den Weg zur Arbeit. Ryan war dieser Ablauf ein Gräuel. Wenn er Cathy doch nur dazu bewegen könnte, eine Wohnung in London zu kaufen – das hätte den Arbeitstag um gut zwei Stunden verkürzt! Aber nein, Cathy wollte ein Haus mit Garten, damit die Kinder draußen spielen konnten. Dabei würden sie beide die Sonne bald nur noch sehen, wenn sie bei der Arbeit waren.«

Cathy ist übrigens Augenärztin und Ryan ist CIA-Agent, derzeit in London stationiert. Ich glaube, im Kino wurde Ryan mal von Harrison Ford gespielt. Ich weiß nicht, ob mich das trösten soll, aber offenbar ist nicht mal Harrison Ford in der Lage, in der Stadt zu wohnen, solange Cathy das nicht will. Dabei muss er dringend den Papst retten.

Der Mann, der nur Agent ist, rettet den Papst, während die Frau, die immerhin Ärztin ist, also zum Lebenretten bestens ausgebildet erscheint, hauptsächlich einen Garten will: Es wird wirklich Zeit, dass sich die Frauenbewegung endlich durchsetzt. Solche Rollenklischees sind doch furchtbar. Aber wahrscheinlich dauert es noch einhundert Jahre, bis Frauen heimlich die Anzeigen für Stadtwohnungen studieren, während ihre Männer sich nur noch für aufblasbare Planschbecken, Rasenmähen und die Zugverbindung in die Innenstadt interessieren. Es wäre daher ganz gut, wenn auch CIA-Agenten stolz in aller Öffentlichkeit von sich sagen: »Ja, auch ich will einen Garten.«

Übrigens will nicht nur Pia einen Garten. Auch Anton, der Erstgeborene, will einen Garten, nämlich zum Indiana-Jones-Spielen, zum Pfeil-und-Bogen-Schießen und zum Zelten. Im Kino wurde Indiana Jones von Harrison Ford gespielt.

Anton trägt eine Nickelbrille und sieht damit aus wie der junge Harry Potter. Er will einen Garten, damit wir nie mehr Ausflüge machen müssen. Ausflüge stressen ihn. Weil wir dann packen, und er muss sich schnell anziehen. Weil wir dann die Fahrräder holen, und er muss schnell seine Brille suchen. Weil wir dann schnell die Treppe runtergehen, und er muss auch schnell die Treppe runtergehen. Weil wir dann in den Biergarten radeln, und er muss so unendlich viele interessante Dinge auf dem Weg dorthin unentdeckt lassen.

Ließe man ihn machen beziehungsweise ruhen, würde er etwa viereinhalb Tage für die Strecke brauchen, die wir in zwanzig Minuten zurücklegen. Deshalb wünscht er sich einen Garten. Er könnte dann endlich mal in aller Ruhe Schnecken studieren, die er so interessant, vielleicht auch seelenverwandt findet.

Anton ist das langsamste Kind der Welt. Er lernt gerade das Lesen. Er ist sehr intelligent, aber er liest lieber sehr langsam. Warum, weiß ich nicht. Er ist jetzt beim »A«, wenn seine Entwicklung weiter so wie bisher verläuft, wird er, schätze ich, in 80 Jahren zum »C« kommen. Mein Sohn wäre 86 Jahre alt und hätte noch nie etwas vom »D« gehört.

Anton ist der größte Trödler unter der Sonne. Er denkt in Jahrmilliarden. In Begriffen der Ewigkeit. Er lässt sich nicht drängeln. Sein definitiver Lieblingssatz lautet: »Warte doch mal.«

Wann immer ich ihn Richtung Schule zerre, schubse, schiebe, einfach weil wir immer so spät dran sind und ich es immer so verdammt eilig habe, bleibt er wie festgeschraubt stehen, sagt: »warte doch mal« und findet zum wiederholten Mal das Klingelschild an unserem Haus in der Ismaninger Straße interessant.

Mein Sohn ist eine Art John Franklin der Gegenwart. Das ist der Junge aus Sten Nadolnys Roman »Die Entdeckung der Langsamkeit«. Gegen den allerersten Satz darin (»John Franklin war schon zehn Jahre alt und noch immer so langsam, dass er keinen Ball fangen konnte«) würde ich jederzeit eintausend allerletzte Hemingway-Sätze eintauschen. Karl Valentin hat einmal geschrieben: »Zuerst wartete ich langsam, dann immer schneller und schneller.« Im Warten ist Anton der Schnellste. Ich liebe ihn sehr dafür.

Schon deshalb muss ich über einen Garten nachdenken: Damit Anton seinen Aktionsradius endlich mal über sein Zimmer hinaus erweitert. Einmal hat er Pia gefragt, was ich, sein Papa, am liebsten machen würde, als Hobby sozusagen. Pia sagte zu Anton: »Dein Vater schläft am liebsten.« Anton, glücklich: »Ich auch.« Pia war sehr erschrocken.

Man hat einmal gemessen oder irgendwie nachgerechnet, wie, weiß ich nicht, dass die Kinder früherer Generationen einen größeren Aktionsradius als heutige Kinder hatten. Radius heißt: der Weg zum Bolzplatz, zum Badesee, das Gebiet eben, in dem man herumstreicht. Die Kinder früher kamen weiter herum. Das läge daran, dass wir heute so viel Angst um unsere Kinder hätten.

Neu ist das nicht. Ein Pädagoge namens Janusz Korczak hat einmal gesagt: »Aus Furcht, der Tod könnte uns das Kind entreißen, entziehen wir es dem Leben.« Ein Garten würde für Anton bedeuten, dass er seinen Aktionsradius in einem für ihn gigantischen Entwicklungsschub bis zum Gartenzaun erweitern könnte. Wir hätten beide was vom Garten. Er einige Quadratmeter Welt – und wir: die Sicherheit des Gartenzauns. Sagt Pia. Ich denke darüber nach.

Mein zweitgeborener Sohn Max will ebenfalls einen Garten – zum Verwüsten. Max ist das Gegenteil von Anton. Er ist der Hooligan der Familie und braucht dringend Bäume und Sträucher zum Austoben. Dazu Rutsche und Planschbecken und Karussell. Im Gartenhaus, plant Pia, kriegt Max, der Hool, einen Boxsack. Und im Keller ein Schlagzeug. Wie ich Max einschätze, reichen solche Energieabsorptionsanlagen bis zu seinem vierten Lebensjahr, also maximal noch ein Jahr.

Meine zuallererstgeborene Tochter Julia will einen Garten für ihre Meerschweinchen, die Schweini und Poldi heißen, in unserer Wohnung auf dem Balkon leben und gar nicht wissen, was das denn sein soll: ein Stück Grün, das kein Salatblatt ist. Einmal ist Julia zu Freunden eingeladen, zu einem Kindergeburtstag. Der Vater dieses Kindes ruft mich an. Eigentlich soll er Julia abends wieder zu uns bringen, aber, sagt er am Telefon, »sie will nicht raus«.

»Will wo nicht raus?«

»Raus aus dem Garten. Genauer: Raus aus dem Hasenstall im Garten. Sie sagt, sie will auch einen Garten. Du und deine Stadtwohnung!«

Pia, die mitgehört hat, sagt: »Na bitte.«

Das Lieblingsbuch meiner Tochter heißt »Warum wir vor der Stadt wohnen«. Es ist ein schönes Buch, das unter anderem von einem Vater handelt, der, und das ist ja schon mal sehr sympathisch, gern Zeitung liest. Nur hat er keine Zeit dazu. Denn die Familie muss dauernd umziehen.

Erst lebt sie mitten in der Stadt, dann auf dem Dach der Kirche, dann im Hotel, dann im Kino – und endlich auch in einem Haus vor der Stadt, das auf einer Blumenwiese steht. »Seit wir vor der Stadt wohnen«, heißt es auf der letzten Seite, »geht es uns immer besser.«

»Vorstadtbuch«, sage ich verächtlich und räume es nach ganz hinten ins Kinderbuchregal. Seltsamerweise taucht es immer irgendwo auf in unserer Wohnung. Ich habe Pia, Max und Julia in Verdacht. Anton vielleicht nicht. Mir Bücher unterzuschieben: Das wäre ihm zu hektisch, so als Aktion.

Das Buch ist ein Vorstadtbuch. Ich mag es nicht. Mein Leben ist der Innenstadt gewidmet. Ich liebe Häuserschluchten und Mietwohnungen und sogar zu kleine Balkone und zu kleine Briefkästen in zu dunklen Hausfluren. Den Typen mit der merkwürdigen Musik im zweiten Stock liebe ich nicht. Aber dafür trotz allem die kreischende Tram.

»Wenn wir vor der Stadt wohnen«, sagt Julia, »geht es ...«

»Was hast du gesagt?« Ich muss das fragen, die Straßenbahn ist gerade unterwegs.

»... uns immer besser«, vollendet Julia, »dann kriegen wir einen Garten und sogar fast eine Blumenwiese.«

Wie kann sie mit ihren neun Jahren schon die ideale Werbebotschafterin für Bausparkassen und Gartencenter sein? Sind wir uns schon so fremd? Warum sagt sie nicht mal, wie toll es ist, mitten in der Stadt zu leben? Wie multikulturell. Wie anregend. Sie sagt, und Pia stimmt mit ein jetzt: »Ich will einen Garten.« Sie lachen. Max gluckst dazu und fegt mit seinem Plastikschwert einen Teller Nudeln vom Tisch. Nur Anton und ich sind schweigsam.

Wenn wir aufs Land fahren, lebt Julia auf. Dann kommen wir an winzigen Vorortgärten mit Plastikrutschbahnen vorbei, die so depressiv aussehen, dass man sich sofort umbringen oder in die Stadt ziehen will. Meine Tochter fragt, ob die Leute, die dort wohnen, reich sind. »Warum das denn?« – »Weil die einen Garten haben.« Was mache ich falsch?

Einmal hat uns unsere Tochter ein Bild gemalt. Darauf ist ein kleines blondes Mädchen zu sehen, das in der Hängematte zwischen zwei Bäumen liegt. Das Bild heißt »Garten«. Die Sonne strahlt, die Wolken wolken. Ein anderes Mal hat sie sich ein Bierdeckelhaus gebaut, das auf einem Stück Kunststoffrasen steht. Das Werk heißt »Garten«. Früher, als sie noch klein war, zog sie immer eine Schnur im Flur hinter sich her und erzählte, dass sie mit dem Hündchen spazieren gehe. Das Spiel hieß »Garten«.

Es ist nun schon Mitte Oktober, ein Samstag. Der Herbst ist eine prima Zeit für Gärten, weil man da neue Sträucher, Stauden, Gräser oder Bäume und Hecken pflanzt. Pia besucht seit einiger Zeit bevorzugt Freunde, die Gärten haben. An diesem Tag bringt sie nachmittags einen Spruch mit. Der Spruch geht ungefähr so: »Wenn du eine Stunde lang glücklich sein willst, betrinke dich. Wenn du eine Woche lang glücklich sein willst, schlachte ein Schwein. Wenn du ein Jahr lang glücklich sein willst, heirate. Aber wenn du ein ganzes Leben glücklich sein willst, lege dir einen Garten an.«

Da ich gerade kein Schwein zur Hand habe, nehme ich mir ein Glas Rotwein mit auf den Balkon. Ich passe gerade noch drauf, denn erstens ist der Balkon klein, Schweini und Poldi wohnen ja auch hier draußen, zweitens aber ist es eine grüne Hölle, ein Dschungel voller grandioser Pflanzen und Früchte. Pia hat es geschafft, aus gut zwei Quadratmetern einen Garten Eden zu machen, den sie immer am Samstag so liebevoll pflegt, als wären die Menschen niemals aus dem Paradies verstoßen worden. Auf unserem Balkon gibt es sogar Erdbeeren, Tomaten, Schnittlauch, Salat und jede Menge Gewürze. Ich glaube, Pia gehört eigentlich auf eine Farm.

Die Kinder sind auch gern auf dem Balkon. Es wird eng. Ich gehe mit meinem Rotwein wieder hinein. Ein befreundeter Stadtplaner lebt mit Frau und fünf Kindern mitten in der Stadt, in Schwabing. Ihn rufe ich an und frage, warum alle immer in die Vorstadt ziehen wollen.

Er sagt: »Vorstädte und Vorstadtgärten sind die Ghettos von morgen.« Den älteren Leuten würden nämlich die langen Wege zu den Apotheken schon bald zu beschwerlich werden. Den Müttern würde das Chauffieren der Kinder zum Blockflötenunterricht zu blöde werden. Und den Jugendlichen würde sowieso langweilig werden. Man nennt das, sagt er, die »Renaissance der Stadt«. Fragt sich nur, ob ich die noch erlebe.

Bis dahin bin ich ein böser Mensch, der seiner Familie das Nötigste versagt. In einer zentral gelegenen Altbauwohnung in München, die für fünf Menschen vielleicht ein bisschen sehr gemütlich und vollgestellt ist, sitzt sie gartenlos in der herbstlich einsetzenden Dunkelheit und wartet, statt Apfelbäume pflanzen zu dürfen, auf die Renaissance der Stadt.

Dann kommt der Winter. Wahr ist: Unser Leben fühlt sich in unserer Wohnung manchmal so an wie die Hauptverkehrszeit in der Regionalbahn im Großraum Tokio. Dort leben dreißig oder vierzig Millionen Menschen. Nur müssen die nicht alle gleichzeitig ins Bad.

Erst ist man schlafloser Zehenwackler, dann waschbärartiger Hauseigentümer, dann Pendlerpauschalausrechner. So ist es doch. Ein Leben im Sinkflug. Das ist das Leben eines Mannes mit Familie, der immer nur eines wollte: in der Mitte von München leben. In Schwabing, Haidhausen, in der Au. Aber nicht, niemals und unter keinen Umständen: in, keine Ahnung, Obermenzing vielleicht. Obermenzing hört sich für mich nicht nach Stadt an, sondern nur nach dem Glück, nicht in Untermenzing leben zu müssen. Pia sagt eines Tages, es ist ein Sonntag: »Obermenzing klingt nach Kirchturmspitzen, Stille und einem Gasthof der »Zur Post« heißt.« Sie blättert im Immobilienteil.

»Das ist es ja«, fahre ich sie an, »wer will schon Stille? Höchstens Leute, die sie dann mit ihren Laubstaubsaugern zunichte machen und außerdem CSU wählen.«

»Fahr mich nicht so an! Stille würde dir mal ganz gut tun. Dir und der SPD.« Politisch gesehen ist unsere Ehe eher eine Koalition als eine Liebesheirat.

Hätte ich einen Garten, denke ich, könnte ich jetzt vor Wut Holz hacken oder Schnee schaufeln.

Offenbar hat das Projekt Haus & Garten nun einen Namen: »Obermenzing«.

Abends im Bett lese ich in einem Buch, dessen Held schmutzige große Städte auf der Suche nach Abenteuern durchstreift. Pia fragt mich mit versöhnlichem Unterton: »Was ist eigentlich das Problem? Wir müssen ja kein Haus bauen oder kaufen. Wir können auch eines mieten. Wichtig ist doch nur der Garten.«

Ich könnte ihr jetzt antworten, dass alle Begriffe, die mit »Haus« anfangen, meist nicht gut enden. Ganz unabhängig vom Mieten oder Kaufen. Zum Beispiel »Hausschwein«. Ein Hausschwein ist das Gegenteil vom Wildschwein, und während das Wildschwein fröhlich durch die Eichenwälder spaziert, wird das Hausschwein alsbald zur Schlachtbank geführt, um als Schweinebraten mit Knödel und Kraut zu enden. Auch der Hofhund ist jemand, der an seiner Kette zerrt und herumkläfft, während der wilde Wolf wenigstens den Mond anheult. Haus und Hof: Das sind Dinge, die etwas Domestizierendes an sich haben. All das könnte ich nun meiner Frau entgegenhalten. Aber dann würden wir wieder darüber reden, ob ich nicht lieber ein unverheirateter Single ohne Kinder sein möchte. Das denkt sie oft. Damit tut sie mir unrecht, ich bin gerne mit ihr verheiratet, sie ist die Liebe meines Lebens, und weil sie Kinder wollte, wollte ich auch Kinder. Und die Kinder sind auch die Liebe meines Lebens. Nur manchmal, so zwischen Donnerstag und Wochenende, will ich gerne ein unverheirateter kinderloser Single sein. So wie das Hausschwein vielleicht auch gerne mal aushäusig wäre, um ein bisschen Wildschwein zu spielen.

3. Kapitel, in welchem sich das große Whaaaammmmmm als Beginn meiner Haus-und-Garten-Karriere herausstellt. Wie so manches Unheil und so manches Schöne ereignet es sich in Berlin.

Es ging damals, Ende der neunziger Jahre in Berlin, die Treppe hoch zu einer Party, in irgendein charmant verlottertes Haus in Kreuzberg, was damals noch nicht so zweitligahaft war wie heute, da jeder bessere Kreative, der »was mit Medien« macht, in der Kastanienallee wohnt. Ich war mit einem Freund unterwegs am Mehringdamm, mit Johannes, weil ich nichts Besseres zu tun hatte. Johannes sagte, ich solle mit zu der Party gehen. Das sei die Abschiedsparty einer niedlichen, extrem interessanten Praktikantin aus dem Verlag. Nach zwei Monaten Volontariat wolle die Niedliche, die übrigens Pia heiße, nun wieder nach Braunschweig an die Uni zurück.

Ich war skeptisch: Alles, was Johannes extrem interessant fand, entpuppte sich meist als üble Bierspelunke, als finnischer Problemfilm mit walisischen Untertiteln oder als schwere Neurotikerin. Aber ich hatte nichts Besseres vor.

Und dann stand sie da. Klein, sehr schlank, blond, mit grünen, etwas schräg geschnittenen Augen. Sie stand oben und guckte zu uns runter. Ich stand unten und guckte zu ihr rauf. Und: Whaaaammmmmm. Das ist meine Version.

Pia besitzt nur gelinde Ähnlichkeit mit einem Original-mit-Untertitel-Problemfilm. Allerdings, das ist eine Analogie, besteht sie immer auf die je eigene, ungeschmälerte Version. Übersetzungen meidet sie. Sie ist gewissermaßen Expertin, was die eigene Sicht der Dinge angeht.

Den fraglichen Abend in Berlin hat sie ganz anders gesehen. Sie sagt: Sie sei gar nicht oben gestanden, sondern habe den Tisch gedeckt. Dann sei ihr Freund Johannes ins Zimmer gekommen. Im Schlepptau einen Münchner Sakko-Typen auf großer Berlin-Fahrt mit interessantem Akzent, den sie erst nicht recht verstanden habe. Das Walisischfinnische habe sich bald als Bayerisch herausgestellt. (Meine Frau kommt vom Niederrhein, einem so schönen wie platten Land, wo die Menschen kleine hügelige Endmoränen schon für eine unangebracht alpine Aufgeregtheit halten.) Und der Typ, ich also, sei ihr etwas neurotisch vorgekommen. Was typisch sei für Johannes, der habe immer solche Freunde.

Jedenfalls hätte ich dann im Verlauf des Abends ihre beste Freundin Anna unbeholfen angebaggert, sei bald betrunken gewesen – und als ich gegen drei Uhr morgens darauf bestanden hätte, dass jetzt alle noch zu Ben Becker in die Kneipe gehen, um Kicker zu spielen, da hätte sie mich praktisch schon abgeschrieben. Erst Tage später seien wir uns näher gekommen: in wunderbar tiefen Gesprächen über dies und das. Ein Whaaaammmmmm habe es also gar nie gegeben. Das hindere mich aber sicher nicht daran, auch weiter ans große Whaaaammmmmm zu glauben.

Stimmt. Ich bin abseits der Kirche ein gläubiger Mensch. Und meine Version ist schöner. Pia findet mich an guten Tagen romantisch. An schlechten realitätsfern. Zum Beispiel sei es realitätsfern, mit Kindern in der Stadt wohnen zu wollen.

Ein bezahlbares, familienfreundliches Haus am Stadtrand, öffentlich gut erschlossen, nahe bei einem Wäldchen, versorgt mit allem, was man braucht, mit Straßen, auf denen Kinder spielen können, und Schulwegen, die sicher sind. »Das ist etwas Handfestes, etwas Richtiges.« Pia sagt, ziemlich exakt zehn Jahre nach Berlin, mitten in unserem schönen München-Innenstadtleben: »Das machen wir jetzt.«

Was denn so toll sei am Leben in der Stadt mit Kindern, will sie wissen. Der Feinstaub? Die laute Tram? Die Abwesenheit von Kindergartenplätzen? Das Vernichten von Zeit durch die Parkplatzsuche? Das Tütenschleppen? Das Chaos?

Ich sage: »Es geht ums Gefühl. Die Stadt ist... irgendwie... also...«

Sie: »Ja?«

»Irgendwie lebendiger. Ja, Leben ist Chaos. Chaos ist gut.«

Pia sagt, das sei Blödsinn. Und sie sei keine Braunschweiger Studentin mehr, die sich die Nächte mit einem Münchner Typen in Berliner Kneipen um die Ohren haue.

Genau das finde ich ja so schade.

Der Punkt ist: Wir haben uns in Berlin kennengelernt, dann, nach ein oder zwei Jahren ist sie zu mir nach München gezogen. Dann kam unser erstes Kind zur Welt, dann das zweite, dann das dritte. Das ist natürlich nur die Zusammenfassung, was ich sagen will: Unser Schicksal war die Großstadt. Wir kommen beide aus kleinen Provinzstädten, waren beide froh, an die Unis und in die Städte fliehen zu können, und haben danach immer irgendwo in möglichst großen Städten gelebt. Möglichst im Zentrum.

Dann kam Julia zur Welt. Und ich gebe zu: Es war keine glückliche Idee, aus dem dunklen begehbaren Kleiderschrank, der im Mietvertrag als »0.5 Zimmer« ausgewiesen war, das Kinderzimmer zu machen. Nur für den Anfang, dachte ich. Kleine Kinder kommen ja aus der Höhle gewissermaßen. Sie sind praktisch lichtscheu.

Es dauerte zwei Wochen, bis ich unterwegs war auf dem Münchner Immobilienmarkt.

Ich mache es jetzt kurz. Ich fand eine gute Wohnung. Ideal für ein großes, helles Kinderzimmer. Nur nicht mehr ganz so zentral und nicht mehr ganz so bezahlbar. Dann, drei Jahre später, kam Anton zur Welt. Die Wohnung war wieder zu klein. Wir zogen um. Dann kam Max, der Hool. Wir zogen erneut um.

An sich ziehe ich gern um. Als Student hatte ich manchmal nur Wohnungen für ein paar Wochen oder Monate. Seit zwanzig Jahren lebe ich in München. Das sind mittlerweile zehn Wohnungen. Von mir aus hätten es noch ein paar mehr sein können, denn ich finde es anregend, wenn man sich ein neues Viertel erobern muss, den neuen Bäcker, die neuen Kinos, die neuen Kneipen, die neuen Wege, das neue Stadtviertelgefühl. Umzüge sind toll. Den letzten Umzug ausgenommen. Aber das Auto hätte dort, wo es stand, nun mal nicht stehen dürfen.

Es war so: Mein Patenonkel betreibt eine Spedition. Ehrensache, dass er meine Umzüge organisiert. Leider schickt er uns immer Möbelpacker, die meines Erachtens polizeilich gesucht werden. Meiner Erfahrung mit Möbelpackern zufolge gibt es in dieser Branche eine klare Hierarchie. Ganz oben stehen die, die noch Zähne haben. Dann kommen die Zahnlosen. Und darunter rangieren die polizeilich Gesuchten. Die kommen, seit ich mit Pia zusammen bin, zu uns. Sie kamen auch diesmal zum Umzug in die Ismaninger Straße, um sieben Uhr früh, mit einem Außenaufzug. Nur hatten sie vergessen, den Platz vor der Straße rechtzeitig fürs Parken sperren zu lassen. Das machten sie erst jetzt.

Acht Autos standen dort, der Außenaufzug konnte nicht aufgebaut werden. Im Laufe des Vormittags verschwanden sieben der acht Autos. »Das eine kann stehen bleiben«, sagte der Chef der polizeilich Gesuchten. Als erstes bugsierten sie unser altes Klavier nach oben über den ratternden Aufzug. Aber irgendwie war es nicht richtig gesichert. Fast oben im dritten Stock angekommen, fiel das Klavier wie ein Meteorit nach unten. Unten stand das achte Auto. Ein Mercedes. Das Klavier schlug darin ein. Das Auto war platt.

Die polizeilich Gesuchten sagten: »Das Auto steht im Parkverbot. Selbst schuld.«

Und das war erst der Beginn eines katastrophalen Umzugs, der damit endete, dass ich einer weinenden Pia versprach: »Das war jetzt garantiert unser letzter Umzug.«

»Es sei denn«, sagte Pia und schnäuzte sich anrührend, »wir ziehen in ein Haus, in dem wir für den Rest unseres Lebens bleiben können.« So am Boden zerstört kann Pia gar nicht sein, dass sie vergessen würde, ein Haus mit Garten und Ewigkeitsanspruch bei einer sich bietenden Gelegenheit in Position zu bringen.

In diesem Winter, der besonders scheußlich war, kalt und nass, mit einem heulenden Wind, den man von meinem Heulen wegen der Heizkosten, die er mit sich brachte, gar nicht mehr unterscheiden konnte, habe ich jedoch eine Idee. Im Frühjahr wächst die Idee. Und im Mai überrasche ich Pia mit der ultimativen Lösung all unserer Probleme: Ich habe, draußen vor dem Tor, weit, weit draußen vor der Stadt München und ihrer lebensgefährlichen Urbanität voller Treppenstufen und Parkplatzsuchern ein Wochenend- und Ferienhaus gemietet.

Schon das Wort »Ferienhaus« begeistert mich. Es ist das Gegenteil von Traumhaus. Großartig ist aber auch, dass in Ferienhaus der Urlaub nicht vorkommt. Ich finde, Urlaub klingt nach Rucolasalat. Klingt nach Reiserücktrittsversicherung, nach Urlaubsantrag, den man ablehnen kann, Urlaub klingt nach komplizierten Brückentage-Berechnungen und einem Gespräch mit dem Chef. Ferien: Das ist dagegen schon mal ein Plural. Der Urlaub, aber: die Ferien.

Ferien klingen deshalb nicht nur nach Meer, sondern auch nach mehr. Ferien klingen nach »Ferien auf Saltkrokan« oder nach »Monsieur Hulot macht Ferien«. In dem Wort stecken immer noch andere Sehnsüchte als nur die nach freien Tagen mit drin. Vor allem aber haust darin das Fernweh. Deshalb ist ein Ferienhaus so schön. Es besteht aus den Ferien, also aus Fernweh – und zugleich aus Haus, also aus Heimweh. Im Ergebnis: sehnsuchtsvolles Heimweh oder heimwehkranke Sehnsucht.

Ein solches Ferien- und Wochenendhaus sollte Pia und mich aussöhnen. Meine Sehnsucht und ihr Heimweh sollten endlich wieder glücklich miteinander sein. Genauso wie ihr Sinn für den Alltag und meine Neigung, aus allem ein Wochenende machen zu wollen.

Außerdem habe ich schon immer davon geträumt: von einer mondänen Existenz zwischen Stadtwohnung und Landsitz. Ich miete also ein kleines, unsaniertes Bauernhaus im Bayerischen Wald. So weit entfernt von Kitzbühel wie möglich, daher so preiswert wie nötig.

Das Aussöhnhaus funktioniert eigentlich ganz gut. Bis zum Winter. Der ist wieder so kalt, als wollte er die Klimakatastrophe als Erfindung der Medien verunglimpfen.

Jetzt ist es offenkundig: Das Bauernhaus ist deshalb so erstaunlich billig, weil es außer einem Kamin keine

Heizquelle besitzt. Übrigens auch keine Wärmeisolierung und kein Bad. Ich finde das im Grunde romantisch.

Pia sagt dazu: »Blödsinn«. Sie ist ein großer Fan zivilisatorischer Errungenschaften.

Dort, am Bayerwaldkamin, hatte ich mich gesehen, mit meiner Frau im Arm an feuerknisternden Abenden. Und mit drei süßen Kindern noch dazu. Süß und schlafend. Das wäre auch Pias zunehmend beunruhigendem Zug zum Landleben entgegengekommen.

Genial. In der Woche: kleine, metropole Stadtwohnung, urbanes Leben, Nächte um die Ohren hauen, Kino, Theater, das volle Programm. Am Wochenende: Kuhglocken, Brennholz, Haus, Idyll, das volle Programm. Ich komme mir vor, als hätte ich die definitive Roadmap verfasst, um das Nahostproblem zu lösen. Die Bayerwaldstrategie ist eine Art Friedensinitiative, um die unlösbaren Feindseligkeiten zwischen Metropolisten und Regionalisten einzudämmen. Höchste Zeit ist es ja. Denn, täusche ich mich, oder zählt Pia nicht mehr Minuten, sondern Parkplatzsuchrunden? Nicht mehr Höhenmeter, sondern Stufen? Und nicht mehr Tage, sondern Einkaufstüten?

Deshalb die Idee mit dem Landsitz. Ebenerdig. Parkplatz für fünf Traktoren. Und Milch von der Kuh vor dem Garten. Leider ist es saukalt. Anton hustet seit November. Julia weigert sich, nachts aufs Klo zu gehen, weil der Boden gefroren ist. Sie fängt an, mit Hausschuhen zu schlafen. Nur Max, dem Hool, macht das alles nichts aus. Zäher Bursche. Meine Frau springt also ab Januar an den Wochenenden zwischen den Kinderbetten und dem Kamin hin und her, müde und erschöpft und verfroren. Ab Februar sitze ich vor dem Kamin und starre einsam ins Knisterfeuer.

Der Witz an kalten Wochenendhäusern – ohne Zentralheizung – ist ja: Wenn man ankommt, am Freitag, ist es erbärmlich kalt. Dann schultert der Mann die Axt, geht in den Garten und ist dermaßen existenzialistisch, dass es schon wieder komisch ist. Dann feuert man. Und immer so weiter: Axt, Holz, Feuern, Axt, Holz, Feuern. Dann kommt der Samstag. Am Samstag putzen die umliegenden Bauernburschen ihre getunten Autos und hören Bayern 3 – während die Freundinnen sich beim Aufbrezeln für die Dorfdisco alle ihre zehn Kuschelrock-CDs hintereinander reinziehen. So hört sich unser Tal an. Das Tal, in das die Städter fliehen, um intakte Natur und unendliche Stille zu finden. Das ist genau das, was echte Landmenschen als Wahnsinn bezeichnen. Als Stadt-Wahnsinn. Mich dagegen können sie, in meiner prinzipiellen Land-Aversion, ganz gut verstehen. Sie wollen auch alle in die Stadt.

Nach dem Bayern-3-Inferno kommt der Sonntag. Das ist wie Frühling. Mörikehaft. Süße, ahnungsvolle Temperaturen. Denn jetzt wird es langsam warm im Haus. Nur muss man jetzt nach München zurückfahren. Im Gepäck die Andeutung einer veritablen Ehekrise, schwielige Daumen und hustende Kinder, eines davon mit allen Anzeichen chronischer Harnverhaltung.

Zuhause wartet eine zu kleine Wohnung auf uns.

Wir geben das Projekt »mondäne Stadt-Land-Existenz« auf. Es ist mittlerweile März, ein Jahr später, und ich sitze wieder in unserer Wohnung, Pia blättert sich durch die Immobilienanzeigen wie eh und je. Ich denke darüber nach, ob nicht mein Schicksal alles von langer Hand vorbereitet habe. Sachte, ganz sachte werde ich in Richtung Rand geschoben. In Richtung Stadtrand. Von Rändern kann man runterfallen. Und außerdem gibt es nur an den Rändern auch die Abgründe. Wenn man aber nur lange genug in den Abgrund schaut, sagt die Philosophie, dann schaut der Abgrund auch in dich hinein. Ich will nicht, dass der Stadtrand in mich hineinschaut.

Pia gibt nicht auf. »Noch eine Windel«, sagt sie eines Tages, »eine einzige, und ich breche unter den Billionen weggeschafften und vom dritten Stock über den Keller in den Müll-Raum unseres Hauses entsorgten Windeln zusammen wie die Weltwirtschaft. Willst du das?«

Pia liest immer gern im Immobilienteil. Ich im Grunde auch. Aber nur, um mich unter meinem Niveau zu amüsieren. Ich liebe den Erfindungsreichtum der Makler. Wenn die schreiben »4-Zi-Kü-Bd, zw. idyll. Schlosspark Ny-B. und urb. Lm. Zentr. gel.«, dann heißt das übersetzt: Du wirst in der Laimer Unterführung leben, in einer dunklen, schmutzigen Feinstaubexistenz, weit, weit von Nymphenburg und seinem Schlosspark entfernt und nahe einer achtspurigen

Stadtautobahn – also exakt zwischen dem urbanen Laimer Zentrum und dem Idyll Nymphenburgs.

Dass diesmal etwas anders ist, merke ich an einem Samstag. Pia hat zum Frühstück den Immobilienteil unter der Rubrik »Häuser« aufgeblättert. Aber nicht nur aufgeblättert, sondern mit Leuchtstiften markiert. Das ist neu, das ist eindeutig, das ist Säbelrasseln und Entschlossenheit. »Hier«, sagt Pia, »dein Kaffee, und jetzt mach nicht so ein Gesicht. Die Leute klangen sehr nett am Telefon. Ein solides Haus. Gar nicht so weit von München entfernt.«

Ich bin sprachlos, wie man angesichts einer großen Gefahr sprachlos ist. Meine Eltern haben sich das Reihenhäuschen in der Provinz ein Leben lang erspart, um sich spät den Traum von den sogenannten eigenen vier Wänden zu erfüllen. Dann zogen wir Kinder auch schon aus. Oder das Haus meines lieben Schwiegervaters, das er sogar selbst entworfen und gebaut hat. Und für die Kinder mit Swimmingpool und Ponystall und Hobbyraum ausgestattet hat. Dann sind die Kinder ausgezogen. Im Ponystall übernachtet jetzt der Rasenmäher. Das Haus ist zu groß und zu weit draußen.

Einfamilienhäuser sind vom Prinzip her zu groß und zu weit draußen. Das ist eingebaut. Es ist das Kleingedruckte im Traum vom Grünen. Das Einfamilienhaus ist deshalb die größte Lebenslüge der Welt. Jeder weiß, dass sich das, was als Sehnsucht anfängt, später als zu groß und zu weit draußen herausstellt.

Wenn sich junge Eltern, beispielsweise solche mit

drei Kindern, nachts im Ehebett an den Händen halten und im Geiste ihr neues Paradies, das eigene Haus, einrichten, wenn sie lustvoll Gartenkataloge wälzen und sich kichernd vorstellen, wie ihr Jüngster im Hobbykeller überglücklich Schlagzeug spielen wird, ohne dass man ihn zur Ruhe mahnen müsste wegen der empfindsamen Dame im vierten Stock links, wenn sie sich im Alter auf der Bank vor dem Haus in der immer noch wärmenden Sonne sehen, während ihre Kinder einfach nicht ausziehen wollen aus diesem sicheren Hort der Familie, der allen so ans Herz gewachsen ist, dann sollten sie, die träumenden Eltern, sich nur eine Sekunde lang das Gespräch ihrer erwachsenen Kinder am Grab der Eltern vorstellen.

Kind A: Was machen wir jetzt mit dem hässlichen Kasten?

Kind B: Verkaufen!

Kind C: An wen denn? Zu groß, zu alt, zu weit draußen.

Kind A: Mist.

Kind B: Mist.

Kind C: Verdammter Mist. Und wie ich dieses Schlagzeug im Keller immer gehasst habe.

Ich, der Stadt- und Mietfan, soll ein Romantiker sein?

Trotzdem oder gerade deshalb, weil es eine romantische Vorstellung ist, will fast jeder Mensch ein eigenes Haus. Und die größten Romantiker der Welt sind die Amerikaner. Deshalb haben wir jetzt, im Jahr

2009, eine Weltdepression. Wegen der Häuser und der Träume, die dahinterstecken. Ich werde nie ein Haus haben wollen. Ich wollte nie ein Haus haben. Ich nicht. Nie.

»Kommst Du bitte, wir müssen los, wir sind nicht die Einzigen, die sich für das Haus interessieren.« Pia drängelt, sucht die Schlüssel zusammen, eine Straßenkarte, »München und Umgebung«, hat sie unter den Arm geklemmt. Sie ist ein Ami, ein Haus-Traum-Ami, dem die Haushaltsdefizite oder sonstige Randexistenzängste der Welt egal sind. Und sie sagt »wir«. Ich folge. Was bleibt mir übrig. Sie ist die Supermacht.

4. Kapitel, in welchem sich ein Ausflug, eine Fahrradpumpe und das Treppenlaufen als ehezerrüttend erweisen.

Irgendwo in Südkorea existiert ein Foto von mir. Auf diesem Foto habe ich meine Lederhose an (Kniebund, Ziege extra weich), dazu trage ich ein grünkariertes Trachtenhemd (»Gloriette bügelfrei«) mit Hirschhornknöpfen, dazu einen alten braunen Janker. Ich sitze auf dem Fahrrad, linker Arm am Lenker, rechts einen Maßkrug stemmend, im Hintergrund ist der Chinesische Turm zu sehen. Ich lache in die Kamera und bin guter Laune.

Schade, dass ich dieses Foto nicht besitze. Im Grunde weiß ich gar nicht, ob es existiert. Ich weiß aber noch, dass ich – weil wir, Pia, Max, Anton, Julia und ich im Englischen Garten Picknick gemacht haben, mit Hängematte und Fußball und Kartenspiel und Frisbee und Tote-Käfer-Sammeln und Brotzeitmachen und allem – dass ich Lust auf eine Maß bekommen hatte. Schließlich waren wir zuvor beim Einzug der Wirte gewesen. Das ist der Auftakt zum Oktoberfest und für mich, eine seltene Gelegenheit, meine Lederhose anzuziehen. Die habe ich sonst nur zum Wandern an. Auf dem Oktoberfest nie. Ich finde, dort gibt es zu viele Touristen in Tracht. Die sollen ruhig ihren Spaß haben, aber ohne meine Hose.

In meiner Erinnerung ist es ein unglaublich strahlender Tag, mit dieser milden, kühlen Sonne, ein Tag im September. Der Festumzug war toll. Die Kinder waren begeistert. Pia hatte – mir zuliebe – ein Dirndl angezogen, was meine Frau immer ein wenig an den rheinischen Karneval erinnert, was ihr aber trotzdem sagenhaft gut steht. Nach dem Umzug, den wir in der Maximilianstraße erleben, fahren wir zu unserer Lieblingsstelle im Englischen Garten. Dorthin, wo in der Nähe der Chinesische Turm steht, dazu der Biergarten, dorthin, wo in der Nähe der Monopteros als Tempelchen ein bisschen Griechenland spielen darf und daran erinnert, dass München immer dann am schönsten ist, wenn es versucht, eine andere Stadt nachzuahmen, zum Beispiel Athen.

Die Trommelspieler und Nacktbader sind nicht zum Eisbach gekommen – wahrscheinlich, weil es dafür schon ein bisschen zu kühl ist. Alles ist perfekt. Also gönne ich mir eine Maß, hole sie im Biergarten beim Chinesischen Turm mit dem Fahrrad und fahre zurück zu unserem Picknickplatz. In dieser Situation begegne ich der südkoreanischen Reisetruppe, die mich begeistert abfilmt und fotografiert. Sie halten mich vermutlich für den München-Trachten-Bier-Botschafter. Mir ist das eine Ehre, und deshalb lache ich so gut ich kann in die Kameras.

Es ist einer der schönsten Ausflüge, die wir je gemacht haben. Und typisch für ein urbanes Innenstadtleben, weil man von der Ismaninger Straße mit dem Fahrrad nur ein paar Minuten bis zum Park braucht.

Allerdings weiß ich, dass das alles nicht stimmt. Dieser Ausflug, deshalb erinnere ich mich ja so gut daran, ist die Ausnahme, auch wenn halb Südkorea glaubt, dass Münchner dauernd so leben. Das stimmt nicht.

Der typische Ausflug ist stattdessen ein Ausflug, potenziell mit Scheidungsanwälten und greinenden oder weinenden oder sehr ungut in sich gekehrten Kindern endet. Das gilt zumindest für die Ausflüge, die nach einem harten Winter in der ersten Frühlingssonne stattfinden.

So wie an einem Tag, Ende März. Es ist ein Tag nach einem harten, dunklen und langen Winter in einer zunehmend kleiner und muffiger werdenden Wohnung. Wohnungen schrumpfen im Winter wie Pullover, die zu heiß gewaschen werden. So fühlen sie sich auch an, die Wohnungen: eng und auf der Haut klebend. Die Schuld liegt nicht beim Winter, nicht bei der Wohnung und nicht bei der Waschmaschine. Schuld ist die Sehnsucht.

Man will raus. Es ist Samstag. Pia und ich führen ein Heer von Klimaflüchtlingen an. Schon die ungeheure Vorfreude am Freitag, unterlegt von einem Wetterbericht zur Tagesschau, der vom ersten warmen Frühlingswochenende spricht, legt nahe, dass einiges schief gehen wird. Das liegt auch daran, dass die Logistik eines solchen Unternehmens eine gigantische Herausforderung darstellt. Vergleichbar vielleicht mit dem Aufmarsch der Alliierten vor Bagdad.

Es ist halbzehn, wir haben gut gefrühstückt, vielleicht ein bisschen zu lang, und wie bei fast allen Deutschen geht mein Blick sorgenvoll zum Himmel. »Hält das?« frage ich. Und Pia antwortet: »Na klar. Mach dir keine Sorgen. Und wenn schon: Dann pack halt die Regenklamotten dazu. Warum packe eigentlich immer ich die Ausflugssachen?«

Dieser Dialog ist die erste Regenwolke – aber noch nichts gegen den Tsunami der gegenseitigen Vorwürfe, der noch folgen wird.

Natürlich packt immer sie. Erstens, weil sie das besser kann. Ich bin zwar gut in der Planbewirtschaftung des Kofferraums, aber sie weiß einfach besser, was wir mitnehmen müssen. Pia, das sage ich voller Bewunderung, ist sogar ein Genie des Weniger-ist-mehr-Packens. Man kann meine Frau wecken, um fünf Uhr früh, unvorbereitet, und ihr sagen »Überraschung, wir fahren in die Ferien, und zwar gleich.« Meine Frau würde antworten: »Gib mir zwei Minuten.« Ich selbst muss mich tagelang vorbereiten, sobald eine Dienstreise nach Duisburg ansteht.

Deshalb packt meistens Pia. Und ich stehe daneben und finde, dass alles zu langsam geht. Endlich sind wir an der Tür. Dabei sind: die Hängematte, die Julia zum Geburtstag geschenkt bekommen hat, ein Picknickkorb, eine Frisbeescheibe und drei verschiedene Fußbälle in drei verschiedenen Größen und Härtegraden. Anton ist da sehr eigen, und eigentlich will er ja auch gar nicht fußballspielen, aber ich will mir später nicht vorwerfen lassen, dass seine Karriere bei Barca oder ManU am mangelhaften Equipment gescheitert ist.

Aber das ist es noch lange nicht: Dabei ist die Zeitung und zwei dicke Bücher, dabei ist ein Federballspiel, das tags zuvor billig aus dem Supermarkt mitgenommen wurde, dabei ist Sonnencreme (eine für Kinder und eine für Erwachsene, also eine zum Sprühen und eine zum Schmieren), denn die Haut nach dem Winter ist extrem empfindlich, dabei ist eine Picknickdecke von Tchibo, kleine Tupperware-Behälter mit Apfelschnitten (auf der ganzen Welt sind Familien undenkbar ohne Apfelschnitten in Tupperware), eine halbvolle Weißweinflasche aus dem Kühlschrank, ein Kartenspiel und zwei Ersatzwindeln für Max, der noch nicht ganz stubenrein ist, was ihn aber keineswegs daran hindert, sich unter Gebrüll der Windel zu verweigern. Also ohne. Ich möchte am liebsten wieder fragen: »Hält das?«

Pia ist jetzt kurz vor der Wohnungstür, und nachdem sie allen Kindern beim Zähneputzen, Gesichtwaschen und T-Shirt-Anziehen behilflich war, nachdem sie gepackt hat und mich beobachten musste, wie ich immer wieder aus dem Fenster schaue, um das aktuelle Klima zu kommentieren, ist sie tatsächlich etwas angespannt. Dann kriegt sie einen ganz schmalen Mund, der sehr niederrheinisch aussieht. Aber: Wir brechen auf. Endlich. Ausflug. Englischer Garten. Wir kommen.

Wir kommen nicht weit. Wir wohnen im dritten Stock. Im zweiten auf dem Weg nach unten angelangt, sagt Anton, dass er aufs Klo muss. Ich kehre mit ihm um. Wir vereinbaren einen Treffpunkt auf dem Bürgersteig. Anton geht aufs Klo, dann starten wir erneut. Dabei kommen wir am Zimmer von Julia vorbei, und Anton fragt, warum Julia ohne Helm mit dem Fahrrad fahren darf, er aber nicht. Ich greife mir Julias Helm und nehme ihn mit nach unten. Ich komme diesmal bis zum ersten Stock. Von unten ruft Pia, dass sie den Schlüssel für den Fahrradanhänger vergessen habe, ob ich bitte...

Ich hole ihn. Wir treffen uns auf dem Bürgersteig vor dem Haus. Es ist jetzt halbelf. Aber wenn wir uns beeilen, dann wird unser Lieblingsplatz vielleicht noch frei sein. Also schnell jetzt. Auf dem Bürgersteig ist die Hölle los. Max heult, weil er nicht im Fahrradanhänger mitfahren will und nicht akzeptiert, dass wir sein Like-a-Bike aus Platzgründen nicht auch noch mitnehmen können. Pia hat den Anhänger beladen, mit dem man immer wie ein unterwürfiger Rikschafahrer aussieht, der irgendwelche Würdenträger oder Touristen durch die Gegend karrt. Sie hat einen Rucksack, ich habe einen Rucksack, den Rest wollen wir auf die Gepäckträger von Julias und Antons Fahrrädern verstauen. Dabei sehe ich, dass Antons Fahrrad kaum mehr Luft hat.

»Warum«, frage ich Pia ärgerlich, nämlich mit Blick gleichzeitig auf die Uhr und einen Himmel, der im Westen schon etwas dunkelt vor drohenden Regenwolken, »warum muss immer ich für die Luft in den Reifen verantwortlich sein?«

»Weil«, sagt Pia, während sie versucht, Max unter Kontrolle zu kriegen, der inzwischen wieder ausgestiegen ist und am Rand des Bürgersteigs herumturnt, dort also, wo gerade die Tram heranrast, »weil ich immer für das Packen zuständig bin.«

»Ist ja gut«, sage ich, denke, »sie hat Recht« und sehe gleichzeitig aus wie ein Märzhimmel, der im Westen etwas dunkelt.

Also gehe ich runter in den Keller, um die Fahrradpumpe zu holen.

Nun muss man wissen, dass ich unseren Vermieter keineswegs abgrundtief hasse. Für eines aber will ich ihn gerne foltern lassen: Weil er zu geizig ist, um die Tür, die vom Hausvorraum zum Keller hinab führt, mit irgendeiner vernünftigen Schließanlage auszustatten, liegt in jedem Briefkasten im Hausflur ein Kellerschlüssel. Der ist etwa 13 Zentimeter lang und gefühlte zwei Kilo schwer, weshalb man ihn unmöglich am Schlüsselbund mit sich herumtragen kann. Darum der Briefkasten. Damit schließt man die Tür zum Keller auf. Sofern man den Briefkastenschlüssel bei sich hat, um an den Kellerschlüssel zu kommen. Meiner liegt oben. Ich gehe wieder hoch und gehe wieder runter. Ich sperre den Briefkasten auf, entnehme den Kellerschlüssel und sperre die Kellertür auf. Dann gehe ich zu unserem Keller, in dem ich die Pumpe vermute. Sie ist dort nicht. Ich gehe zurück, Pia meint sich zu erinnern, dass sie die Pumpe neulich mal mit nach oben genommen habe, um eines der Kinderfahrräder mit plattem Reifen zu reparieren, vielleicht liege die Pumpe nun also in der Kammer, ich sage nichts und gehe wieder nach oben.

Richtig, in der Kammer ist die Pumpe. Ich nehme sie und gehe nach unten. Unterwegs kommt mir Julia entgegen, die jetzt auch aufs Klo muss. Es ist elf und die Chancen schwinden, einen guten Platz zu erhaschen im Englischen Garten. Unten pumpe ich die Fahrräder auf. Pia sagt nichts und blickt auf die Uhr. Ich blicke zum Himmel und sage auch nichts. Dann kommt Julia, und ich sage scharf zu ihr: »Kommst du auch schon, ja?«

Das ist ungerecht. Julia schaut erschrocken zu Boden, und ich könnte heulen, habe aber zuviel damit zu tun, wütend auf Pia zu sein. Warum, weiß ich nicht genau, was mich noch wütender macht. Endlich fahren wir los. Anton stürzt bei der ersten Kreuzung. Er weint, wir schweigen.

Wir radeln durch den Englischen Garten. Die Stimmung ist auf dem Boden. Trotzdem sehen wir aus wie eine glückliche Entenfamilie: Papa vorneweg mit Anhänger und dem Kleinen, dann die größeren Kinder mit ihren Rädern, dann Pia als Begleitschutz. Spaziergänger lächeln uns an. »Wenn ihr wüsstet«, denke ich. Die Stimmung wird nicht besser, als sich zeigt, dass praktisch unter jedem Baum im Englischen Garten, der zu den größten Parkanlagen der Welt gehört, ein blasshäutiger Münchner Innenstadtbewohner hockt, um endlich mal ein bisschen Sonne abzubekommen. Wir fahren endlos lang, um einen halbwegs akzeptablen Platz zu ergattern, geeignet für die Hängematte, in die ich mich gleich mal lege. Max sagt, er muss aufs Klo. Das kann ich aber nicht hören, weil der Platz nun nahe am Mittleren Ring ist und sich exakt so anhört wie unsere Wohnung an der lauten Ismaninger Straße. Das macht aber nichts. Denn jetzt fängt es an zu regnen. Wir packen alles wieder zusammen und fahren nach Hause. Ins Haus der achtundachtzig Stufen.

Am nächsten Morgen, am Sonntag, liest mir Pia aus der Zeitung vor. Wir liegen wunderbarerweise noch im Bett, während aus den Kinderzimmern irgendwelche – im Grunde natürlich sehr alarmierenden – Elektro-Geräusche zu hören sind, die wir aber in einer lebensbejahend aufflammenden Eltern-Egozentrik geflissentlich überhören.

Das Vorlesen hat sich seit einigen Wochen als Morgenritual entwickelt, wobei der Schwerpunkt der Lektüre, wie mir schon längst klar ist, auf einer prorandstädtischen Vorort-Wohn-Argumentation inklusive Gartenbeschwörung liegt. Die Zeitungen drucken heutzutage ja auch wirklich alles.

Zum Beispiel: »Parkplatz gesucht – 15 Autos demoliert«. Liest Pia vor. Ich will Genaueres wissen. Sie: »Kann man sich ja denken.«

Ich: »Was denken?«

Sie: »Es gibt eben keine Parkplätze. Typisch Innenstadt.«

Über sie hinweg grapsche ich nach der Zeitung. Früher hätte das vielleicht zu einem kleinen Spielchen unter Erwachsenen geführt, aber so etwas lenkt jetzt nur von der Immobiliensuche ab. Deshalb bekomme ich statt meiner Frau nur die zerknitterte Zeitung in die Finger. Ich lese laut: »Auf der Suche nach einem Parkplatz hat ein 30-jähriger Münchner am Montag in Sendling 15 Autos demoliert.«

Pia sagt: »Das kann ich gut verstehen.«

Ich lese weiter: »Eine Parklücke hat der Mann nicht gefunden, und so schnell wird er auch keine mehr suchen: Denn die Polizei stellte wegen Trunkenheit am Steuer (laut Alkomat 1,2 Promille) den Führerschein sicher.«

»Besoffen war der Kerl«, sage ich, »wahrscheinlich gab es einen Parkplatz vor dem Haus, in den auch die Fähre von Moby-Line, die täglich von Livorno aus Sardinien ansteuert, gepasst hätte. Süße, der Mann war nur betrunken. Es gibt gar kein Parkplatzproblem in der Innenstadt.«

Pia: »Gibt es wohl. Deshalb trinken ja auch so viele Menschen. Kann man verstehen.«

Das mag ich an ihr, sie gibt nie auf.

Dann sagt sie: »Ist ja auch egal, aber hier, hier steht was wirklich Interessantes. Im Vermischten.« Sie liest gerne das Vermischte. Ich lese den Leitartikel, die Sportberichte, die Aktienkurse und dann etwas aus dem Feuilleton, was kein Mensch versteht, aber gut klingt.

Sie liest den Titel vor: »Am Ende treibt dich nur noch der Wille«. Dann den Untertitel: »Eine Trainingseinheit mit Thomas Dold, Deutschlands erfolgreichstem Treppenläufer«. Und dann zitiert sie aus dem Text: »Erst brennen die Schenkel, dann muss man husten, dann breitet sich ein seltsam metallischer Blutgeschmack im Mund aus. Plötzlich ist jede Kraft einfach weg. Und man weiß: Oma hatte doch nicht Recht mit ihrem Satz ›nimm die Treppe, das ist gesund‹. Es sei denn, man heißt Thomas Dold.«

»Finde ich interessant, diesen Thomas Dold«, sagt Pia und stopft sich das Kissen im Rücken zurecht.

Thomas Dold. Soso.

»Hmm«, sage ich und gebe mir Mühe, das Hmm wie ein müdes Achselzucken klingen zu lassen, »was macht denn dieser fabelhafte Treppenläufer? Läuft Treppen, oder was?«

»Genau wie ich«, sagt Pia. Das stimmt nicht ganz: Der Mann läuft in aller Welt die Hochhäuser ab. Im Februar 2008 siegte Dold zum dritten Mal hintereinander beim Rennen auf das Empire State Building in New York, 86 Stockwerke, 1576 Stufen…

Ihr »genau wie ich« soll mir nur signalisieren, dass ich vom Treppensteigen keine Ahnung habe, weil es ihr Schicksal ist in unserem gartenlosen Haushalt im dritten Stock.

»Im Ernst«, sagt sie und liest weiter: »Seine Waden sind so muskulös, dass er maßgeschneiderte Strümpfe braucht – Kompressionsstrümpfe im übrigen, die ihn noch schneller machen sollen.« Und dann wird Mr. Wade in diesem Text auch noch so zitiert: »Treppenlaufen zu trainieren macht Spaß, oben hat man eine schöne Aussicht, und es bringt einen knackigen Hintern.« Diese Zeitung bestelle ich wegen boulevardesker Tendenzen ab.

Pia überlegt laut: »Also. Ich bringe morgens die Kinder in die Schule, 88 Stufen, dann komme ich am frühen Nachmittag nach Hause, 88 Stufen, dann bringe ich den Müll runter, 88 Stufen, hole Anton aus der Mittagsbetreuung ab und komme nach Hause, 88 Stufen, dann gehe ich einkaufen, 88 Stufen, hole Max vom Kindergarten ab und bringe ihn nach oben, 88 Stufen, dann bringe ich Julia zur Klavierlehrerin und Anton zum Fußball, während ich einen müden Max runtertrage, 88 Stufen, dann packe ich alle wieder ein, und wir gehen endlich wieder nach oben, 88 Stufen. Und dann kommst du nach Hause.«

Im Prinzip würde ich jetzt gerne sagen: »Du hast mir eben das vollkommene Argument für unsere Wohnung auf Lebenszeit geliefert: einen perfekten Hintern.« Aber ich sage nichts.

Mir entgeht nicht, dass Pia leidet. Acht mal 88 Stufen täglich, nur weil ich eine Hausallergie habe und keinen Sinn für das Wunder der Ebenerdigkeit. Sie hat ein Haus verdient. Wahrscheinlich werde ich ein Haus bauen und an den Stadtrand ziehen und depressiv werden, nur damit meine Frau nicht eines Tages mit Thomas Dold durchbrennt, der dann der Nutznießer ihres perfekten, an der Ismaninger Straße gestählten Hinterns wäre.

In England, das weiß ich aus dem Fernsehen, werden inzwischen wieder Treppenhäuser gebaut, die wie früher, als Treppenhäuser noch repräsentative Aufgaben hatten, über breite Stufen und eine ansprechende Architektur verfügen. Man will die Leute davon abhalten, den Lift zu benutzen, weil England ein Problem mit zu dicken Menschen hat. Das Treppenhaus soll zu einer Art nationalem Fitness-Programm aufgerüstet werden.

Auch dort, wo ich arbeite, in der Redaktion, die in einem Hochhaus untergebracht ist, treffe ich um die Mittagszeit herum immer wieder verschwitzte, keuchende Journalisten, die sich das Fitness-Studio sparen, um vom 25. Stock in die im ersten Stock gelegene Kantine und zurück über die Treppe zu sprinten.

Davon könnte ich Pia erzählen. Aber das würde nur bestätigen, was sie ohnehin über einige meiner Kollegen denkt. Und was die Briten und ihre Schlankmachtreppen angeht: Pia hat, im Gegensatz zu mir, keine pathologische Vorliebe für Hamburger oder für Fish and Chips.

5. Kapitel, in welchem Pendler an einem utopischen Horizont auftauchen, die täglich von New York (wo sie arbeiten) nach London (wo sie wohnen) und zurück fahren wollen. Besichtigt werden außerdem: ein Kellerschaukelfernseher, ein Vertikal-Pool und ein Vorort namens Vaterstetten, der einerseits in der Nähe von München und somit in Hauptbahnhofsnähe liegt, andererseits aber auch ein geheimes Terrorcamp sein könnte.

Das Schlimmste an unserer Baugruppe ist das Defizit an einem Bau bei gleichzeitigem Überschuss an einer Gruppe.

Gruppen, Horden, Banden, Parteien, Vereine, Straßennachbarschaften, Stadtviertelgeselligkeiten, Stadtidentitäten, Landsmannschaften, Nationalitäten, Europa, die Erde, die Milchstraße, das Sonnensystem: All das ist mir nicht generell unsympathisch. Es ist nur so, dass ich als Student drei Jahre in einer WG gewohnt habe. Das war teils nett, teils die Hölle. Ich lebte damals mit zwei Mädchen zusammen in einer Zweieinhalb-Zimmer-Wohnung. Die eine hieß Carla. Die andere Moni oder so ähnlich. Ich erinnere mich daran, dass Moni nie einkaufen und putzen wollte. Interessantes Mädchen. Hat später einen Seifenfabrikantensohn geheiratet.

Mein Zimmer war das Einhalb-Zimmer. Auch die Küche war so klein, dass darin genau zwei Leute auf winzigen Klappstühlchen sitzen konnten. Das waren immer Carla und die Seifige. Sie tuschelten miteinander in der Küche. Sobald ich dazu kam, herrschte Schweigen. Ich fand das irritierend. Bis heute meide ich Gruppen, solange es sich dabei nicht um meine eigene Familie handelt. Dass Kinder aufhören zu tuscheln, sobald man im Türrahmen steht als Erziehungsberechtigter, erscheint mir nicht irritierend, sondern familienerhaltend.

Meine kurze WG-Ära hat mich jedenfalls so geprägt, dass ich seither, wenn die Gruppenbildung unausweichlich wird, immer sofort einen zentralen Platz einnehme. Nach Möglichkeit in der Küche. Dann bin ich laut und fröhlich. Aus Furcht vor einem irritierenden Schweigen. Die Gruppe und ich – das ist oft ein Missverständnis.

Zum Beispiel wurde auf einer Party mal ein Joint herumgereicht. Als die Reihe an mir war, nahm ich das Ding und paffte es sozusagen durch. Ich dachte, es wäre eine Zigarette und wollte mir keine Blöße geben. Ich bin Nichtraucher.

Genau wie damals an Weihnachten in der Kirche am Niederrhein. Ich saß so abseits wie möglich vom Geschehen, um nicht weiter aufzufallen. Ich döste etwas. Der Rest meiner Familie saß vorne. Die Familie meines Schwiegervaters legt seit jeher Wert auf gute Plätze, insbesondere auch dann, wenn es um die Ewigkeit geht. Mir selbst ist weder die Ewigkeit noch die Etikette in Kirchen geläufig. Deshalb hat mich das Folgende überrascht: Da dreht sich doch mitten im Gottesdienst ein Mensch mit hektischen Gesichtszügen zu mir um und starrt mich mit riesengroßen Augen intensiv an. Seine Hand schwingt auf mich zu und zieht den Arm, ja eigentlich den ganzen Kerl wie eine gigantische Friedensbewegung hinter sich her. Der Pfarrer hatte soeben gesagt: »... so geben wir uns denn ein Zeichen des Friedens«.

Das aber hatte ich nicht gehört, das kannte ich auch gar nicht. Ich dachte, einem Mann, der zu mir so hektisch herumfährt, muss wohl schlecht sein, der muss bestimmt raus, um sich zu übergeben. Also springe ich auf und mache Platz. Der Mann hält inne und sieht mich so erschrocken an, als sei er Luzifer begegnet, dem prominenten Friedenszeichenverweigerer. Die ganze Gemeinde sah zu mir hin. Peinlich. Mit der Baugruppe war es auch schwierig.

Baugruppen sind der letzte Schrei. Der Schrei nach modernen und ideenreich gestalteten Wohnungen, die dieser betonkonservative deutsche Immobilienmarkt einfach nicht anbietet. Baugruppen sind eine Art Guerilla-Bewegung: Private Bauherren, Amateure also, fordern die Profis aus der Immobilienwirtschaft heraus.

Denn die Profis bauen immer die gleichen Wohnungen mit den gleichen Grundrissen und den gleichen achteckigen Marmorimitatbadewannen zu den immer gleichen überteuerten Preisen. Fast immer jedenfalls. Manchmal aber wollen die Amateure ganz andere

Wohnungen, mal größere, mal kleinere. Deshalb tun sie sich zusammen, um den Kampf um teure, innerstädtische Grundstücke aufzunehmen.

Baugruppen, BGs, entstehen überall, und Städte wie Berlin oder Braunschweig fördern das. München nicht. München muss den Wohnungsbau nicht fördern, weil jeder Unterstand, der vor Regen schützt, in München als topsanierte Bestlage zu Höchstpreisen in Minutenschnelle an flehende Bittsteller vermietet, verpachtet oder verkauft werden kann. Grundstücke in München sind daher so teuer, dass man schon Donald Trump heißen sollte, um auf diesem Markt mitzuhalten. Eine Baugruppe, die hier auf ein billiges Grundstück hofft, um darauf den gemeinschaftlichen Traum kommunardenhafter Du-find-ich-auch-Architektur zu errichten, ist also schon vom Grundsatz her eine relativ satirische Angelegenheit. Was ich natürlich reizvoll finde. Denn damit komme ich Pia entgegen – ohne ein allzu großes Risiko einzugehen, dass daraus auch etwas werden könnte.

Baugruppen sind die Fortsetzung der Kommune 1 mit baulichen statt mit politischen Mitteln. Sie müssen keineswegs naiv, sexsüchtig oder bekifft sein. Verkratzte Amon-Düül-II-Schallplatten sind ja auch noch kein Ausweis eines höheren Wohnwertes. BGs sind eher emanzipatorische Weiterentwicklungen von WG-Modellen früherer Zeiten, die mittlerweile gerne darauf verzichten, als Zeichen gegen bürgerliche Konventionen die Klotüren auszuhängen. Eigentlich sehr sympathisch. In der BG treffen sich hauptsächlich Menschen zum Wohnen, die es sich allein nicht leisten können oder wollen. Das ist eher ein pragmatischer Ansatz. Man teilt sich heute eben lieber ein Glasfaserkabel statt eines verschwiemelten Marmeladenglases ganz hinten im Kühlschrank. BG-Bewohner haben natürlich alle ein eigenes Glas im je eigenen Kühlschrank. Aber sie teilen immer noch sehr gern eine ganze Menge: die Dachterrasse, den Garten, den Hobbykeller, die Hausanschlussgebühren, das Gästezimmer, die BG-Ideologie und vielleicht ein kleines Arsenal an verblassten Pace-Fähnchen, die man vors Haus hängt, falls die Nato mal vorbeischaut.

So eine BG wollen Pia und ich gründen. Pia, um auf diesem Weg schneller zu einem Garten zu kommen. Ich, um auf diesem Weg einem Garten besser aus dem Weg gehen zu können. Außerdem finde ich Baugruppen aus stadtplanerischen Gründen extrem in Ordnung. Die bauen vor allem in den Städten, weil man sich dort, wo es teuer ist, logischerweise besser ein großes Grundstück und ein großes Haus teilt, um die Kosten klein zu kriegen. Diese Grundurbanität ist mir sehr angenehm.

So treffen wir uns abends um halbneun in einer alten Fabrik. Dort hat einer der potentiellen BGler, die wir mit einer Annonce und etwas Herumtelefonieren versammelt haben, so etwas wie ein Büro. Ein Büro, das schon von weitem klarmacht: Seht alle her, ich bin eine alte Fabrik und sehr kreativ. An der Uhrzeit, denke ich, kann man schon sehen, dass der Kreative kinderlos ist. Ich gähne. Aber ich täusche mich. Er und seine Frau, eine hübsche Enddreißigerin namens Ulla, haben zwei davon. Und die, Finley und Stacy, sitzen auch dabei. Ich bezweifle, dass sie auch eine Baugruppe gründen wollen. Das ältere Kind ist acht Jahre alt, und Stacy krakelt herum. Vermutlich will Stacy schlafen. Aber Ivan, der Kreative von der Fabrik, findet es wichtig, dass in seiner Familie basisdemokratisch entschieden wird. Also bleibt Stacy wach und krakelt.

Wir sind insgesamt sieben. Jeder hat etwas zum ersten Treffen mitgebracht. Ich, um Pia und mir keine Blöße zu geben: einen gar nicht so üblen Chianti für zehn Euro. Ich halte mich persönlich für einen Meister im Aufspüren von Supermarktweinen um die zehn Euro, die grob unterschätzt sind. Wir stellen uns der Reihe nach vor. Der Mann neben Pia und mir sagt: »Wagner, Hansjürgen Wagner, Hansjürgen ohne Bindestrich.« Und dann, hallo, hier sei jetzt der Wein und ein Säckchen Tomaten, macht zusammen sieben Euro vierzig, geteilt durch sieben, das mache... oder wollen die Kinder auch? Tomate? Aber gut, man könne das ja auch später klären... In diesem Augenblick fasse ich nach Pias Hand. Die Frau auf der anderen Seite, die in dem dicken Pullover, eine Steuerberaterin, sagt, sorry, aber wir alle hätten hier was mitgebracht. Jetzt zur BG-Gründung schon abzurechnen, das sei einfach ungut, so psychologisch gesehen... Ich greife erneut nach Pias Hand. Am Ende des Tisches sitzt noch so ein Bürschchen mit Ziegenbart und Bad-Hair-Styling. Er meint, er sei ja nur BWL-Student im vierten Semester, jetzt aber habe er geerbt und wolle investieren – und falls hier nicht alle das nötige Kleingeld hätten, er könne sich auch ein ganzes Haus vorstellen, das er dann an uns gerne vermieten würde, vorausgesetzt, wir könnten damit leben, dass München an Investoren heftige Ansprüche stelle, so dass die Miete angemessen sein müsste. Kurz darauf meint jemand zu mir: »Und du könntest schon mal das Protokoll übernehmen.« Pias Hand halte ich noch immer, aber fünf Minuten später bin ich draußen.

Typisch für unsere BG und die nächsten Treffen ist: Wir sprechen viel über rechtliche Dinge, oft über emotionale Dinge, meist über architektonische Dinge, immer über gesellschaftspolitische Dinge – aber nie über das Ding mit dem Grundstück. Keiner von uns hat eines an der Hand. Also geben wir eine Anzeige auf: keine Antwort. Weiter kommen wir nicht mit unserer Guerilla-Taktik. Allmählich, und nach sehr vielen guten Gesprächen, verplätschert unser Versuch, sich als autonome Immobilienzelle den Münchner Bauträgern in den Weg zu stellen. Pia und ich fangen wieder damit an, den etablierten Wohnungs- und Häusermarkt zu studieren. Pia mehr. Ich weniger. Es ist Mai.

Die Wochenenden in diesem Sommer gehören zunehmend den Vororten. Das ist gar nicht mal so schlecht. Ohne diese Suche nach dem perfekten Haus würde ich meine Stadt gar nicht wirklich kennenlernen. Jedenfalls nicht das, was man Stadtrand nennt. Und auch nicht dieses andere Phänomen, welches »Kreis München« heißt. Und würden wir die Makler, die sich gelegentlich einschalten, machen lassen, dann würde ich sicher noch einige Nachbarländer kennenlernen. Makler gehen mit dem Wort »zentral« extrem großzügig um.

Zentral in München gelegen wäre demnach auch die Lausitz, weil dort theoretisch ein Jagdbomber starten könnte, der einen kurz darauf über dem Marienplatz abwirft. Auf unsere Anzeige »zentral gelegenes Haus in München zu kaufen oder zu mieten gesucht« meldet sich einmal ein Makler aus Dinkelscherben, irgendwo bei Stuttgart. Er sagt, mit dem ICE sei man fast ganz schnell am Münchner Hauptbahnhof, weshalb Dinkelscherben sozusagen in Bahnhofsnähe liege.

Makler sind toll. Ein Beispiel: Das Haus klingt gut in der Anzeige, großer Garten, ideal für drei Kinder, ruhiges Schlafzimmer mit eigenem Bad, Schulen in der Nähe, all das eben, was Pia glücklich machen könnte. Nur: Wo oder was ist Dirnismaning? Ich frage den Makler. Der Makler sagt, das sei ganz in der Nähe vom Zentrum.

Makler und Pendler geben Entfernungen nie in Kilometern an. Sie sprechen lieber von S-Bahn- oder Auto-Minuten.

Das klingt fast so wie früher: »Wie weit«, fragt der Fremde, »ist es noch?« Und der Eingeborene antwortet: »Noch drei Mal wird der Esel schlafen« oder, für etwas längere Fahrten, so was wie »fünf Monde werden über den Berg gezogen sein«.

Deshalb finden Makler alles, was im S-Bahnbereich liegt »sehr zentral«. Häuser, die außerhalb liegen, sind nur noch »zentral«. Und so weiter. Die westliche Halbkugel ist in dieser Perspektive münchen-nah, während unser Sonnensystem zumindest noch Großraum München ist.

In der Zeitung lese ich von Leuten, die in England täglich mit dem Flugzeug ins Büro und wieder nach Hause fliegen. Man nennt sie Flugpendler. Und in New York kursiert seit einigen Jahren ein Plan für eine gigantische, im Atlantik und somit unter Wasser liegende Vakuum-Röhre. Darin soll einmal in ferner Zukunft eine Art unterseeische Magnetschwebebahn rasen, um – im Stundentakt! – New York mit London zu verbinden. Das ist keine Erfindung. Die Idee stammt vom weltberühmten MIT, dem Massachusetts Institute of Technology. Bisher scheitert die Vakuum-Röhre samt rasender, wie Teilchen beschleunigter Manager, die zwischen Wall-Street, New York City und London Stock Exchange hin- und hergeschossen werden, am Geld.

Pendeln, das weiß die Pendlerforschung, und ich werde nicht müde, Pia davon zu unterrichten, verursacht soviel Stress wie das Fliegen in einem Kampfjet. Trotzdem wollen alle gerne pendeln und in Vororthäusern wohnen, wo sie in ihren Garagen die Jets abstellen. Und die Planer der Vororte sowie die Makler mit dem souveränen Raumbegriff sagen: gar kein Problem das. Und meine Frau sagt: »Komm schon, das bisschen Autofahren. Alle machen das. Gerade haben sie die Pendlerpauschale wieder ab dem ersten Kilometer eingeführt.« Das MIT, die Broker in New York, die Garagenhersteller und meine Frau sind sich einig, und die Regierung arbeitet jetzt auch noch gegen mich.

Wir fahren also ins Umland, zu den Häusern im Pendlerparadies. Pia sitzt am Steuer. Im Radio ist zu hören, dass sich auf der A7 ein Stau von 40 Kilometer Länge bei Allertal Richtung Hannover gebildet hat. Ich frage Pia, ob das Haus, das in der Zeitung als »familientauglich« gepriesen wird, bei Allertal liegt. Sie schweigt. Auf der A8, habe ich in der gleichen Zeitung gelesen, wurde ein Mann an einer Raststätte Richtung Salzburg mit dem Brotmesser bedroht. Ich frage sie, ob wir Richtung Salzburg fahren. Sie schweigt. Dann biegt sie bei Vaterstetten ab, in eine Gegend, die mir zum Glück weitgehend frei zu sein scheint von Brotmessermördern.

Die Welt, sie rast. Noch keine Zeit vor unserer sah, wie es Gottfried Benn formulieren würde, so dermaßen »reisefertig« aus. »Noch 1950«, erkläre ich Pia, »betrug die jährliche Fahrleistung eines deutschen Autofahrers rund 1000 Kilometer, Ferien inklusive. Heute sind es 12 000 Kilometer, Ferien exklusive.« Weiter komme ich nicht, denn hinten im Auto gibt es gerade mächtig viel Geschrei: Es ist heiß an diesem Tag, und Max hat einen Schokoriegel so lange in der Hand gehalten, bis die Hand voller Schokosoße ist, womit Max nun seine Geschwister traktiert. Unser Auto sieht auf den Rückbänken in der Regel nach Slum und Gesetzlosigkeit aus. Es würde mich nicht wundern, wenn ich damit nicht mehr in die Schweiz einreisen dürfte.

Während wir in Vaterstetten durch ein Jägerzaunidyll kurven, rechne ich eben mal nach – den neuesten Pendlerbericht der Regierung auf den Knien. Ein Mensch, der in Deutschland 70 Jahre alt wird, verbringt demnach fast vier Jahre seines Lebens ausschließlich im Auto oder im Zustand des Unterwegsseins. Nimmt man die Aufenthalte in transitorischen Zwischenwelten dazu, also das Warten an der Bushaltestelle, das Warten im Flughafenterminal, das Warten am Bahngleis und das Rasten in der Raststätte, so ergibt sich pro Leben: zehn Jahre, so ungefähr.

Zehn Jahre! Vaterstetten soll mich zehn Jahre kosten! Zehn Jahre Knast, so viel kriegt man für den verbotenen Besuch eines Terrorcamps! Früher gab es Wallfahrer, Kreuzritter, Entdecker oder einfach Abenteurer. Jetzt gibt es Pendler und Vorortbewohner. Ich will das nicht!

Pia sagt: »Du nervst.« Sie steigt mit den Kindern aus und geht auf das Haus zu. Ich folge, ich will hier kein Aufsehen. Wer weiß, wie diese Leute mit den Rasenmähern ticken. Am Ende kriegen sie meinen Pendlerbericht in die Hände, und dann tobt der suburbane Mob und zündet fremdgeparkte Autos an. Das Haus ist eine DHH, eine Doppelhaushälfte, die in der mir sonst unerklärlichen Rangfolge der Häuser zwischen EFH (Einfamilienhaus) und REH (Reihenendhaus) angesiedelt sein müsste. Zu schweigen vom RMH, vom Reihenmittelhaus. Die Garage ist prächtig. Ich werfe einen Blick hinein und sehe, dass sie vom Eigentümer liebevoll tapeziert wurde.

Pascal fand schon im vergleichsweise Suburbia-armen 17. Jahrhundert heraus, dass »alles Unglück der Menschen einem entstammt, nämlich dass sie unfähig sind, in Ruhe allein in ihrem Zimmer bleiben zu können. Kein Mensch, der genug zum Leben hat, würde sich, wenn er es nur verstünde, zufrieden zu Haus zu bleiben, aufmachen, um die Meere zu befahren oder eine Festung zu belagern«.

Das ist der Punkt. Der Pendler, der ein Haus irgendwo weit draußen vor der Stadt und dazu eine tapezierte Garage sein eigen nennt, hat den Job in aller Regel weit drinnen: Er darf nicht zu Hause bleiben, kann aber auch nicht übers Meer fahren, um fremde Festungen zu belagern, sondern muss um acht Uhr früh übers Autobahnkreuz fahren, um das Vorzimmer seines Chefs zu belagern. Weil das Autopendeln wegen der irre werdenden Benzinpreise so teuer ist und immer teurer wird, dass er dringend eine Gehaltserhöhung braucht. Pascal hat Recht. Aber Pia behält Recht. Auch wenn sie mich ganz offenbar nicht nur an den Stadtrand, sondern auch in den Ruin treiben will. Sie klingelt.

Während es im Haus seltsam rumort und Pia versucht, Anton und Max, die ihre Wasserpistolen mitgebracht haben, zu entwaffnen, frage ich sie, ob es vermessen ist, wenn man mit dem Fahrrad oder zu Fuß in die Arbeit und zurück nach Hause fahren oder gehen möchte. Pia sagt müde: »Ja«.

Die Tür geht auf. Eine Frau öffnet, grüßt und sagt stramm, dass meine Kinder bestimmt gerne im Vorgarten warten würden, während sie uns das Haus zeigt. »Und bitte Schuhe auszuziehen. Sie rauchen doch nicht?«

»Aber niemals.«

Dann bringt sie uns in den Keller. Im Keller steht ein Fitnessparcours, wie im Hotel. Vor dem Laufband ist ein Fernseher. Auch wie im Hotel.

Dann öffnet sie einen Raum, den ich für den Heizkeller gehalten hätte, und sagt schwungvoll: »das Schlafzimmer«. Mit herzförmigem Ehebett. Über dem Ehebett befindet sich eine Kinderschaukel. Auf die Schaukel hat der Mann dieser Frau einen monströsen Fernseher montiert und mit dicken Stricken umwickelt. Eben kommt er dazu, allgemeines Händeschütteln. »Ah so, Sie wollen also unser Haus kaufen. Na, gucken Sie mal, hier, da können Sie auch im Bett die Sportschau sehen.« Wir nehmen das Haus nicht. Das gilt auch für etwa zwei- bis zweihundertfünfzig andere Häuser. Im Garten hat Max während unserer Besichtigungstour ein paar Zweige geknickt. Die Frau fragt mich, ob ich gut versichert bin.

Unsere wochenendlichen Besichtigungstouren machen aus mir bis zum Herbst einen Spezialisten für die Münchner Randbezirke und dazu noch einen intimen Kenner deutscher Kellerbaukunst. Denn der Keller ist der ganze Stolz des deutschen Hausbesitzers – und nicht das Wohnzimmer, wie man denken sollte.

Es gibt auch Vertikalpools. Ein Haus, das ich wegen seiner Siebziger-Jahre-Architektur eigentlich ganz toll finde, hat einen Pool. Wegen des Pools ist es ziemlich teuer. Aus Platzgründen ist der Pool aber nur so groß wie eine Badewanne – und dafür tief wie ein Brunnen. Der Eigentümer erklärt mir: »Ich schwimme nicht so gerne. Wassertreten ist besser.« Ein anderer Hausanbieter hat auf seiner von allen Seiten gut einsehbaren Terrasse einen hölzernen Bottich stehen. Was das sei? »Das ist das Kaltbad. Härtet nach der Sauna ab. Gerade im Winter.« Skandalös, der Vorort.

Jedes Mal, wenn wir von unseren Touren und von den Abgründen des Eigenheimlebens zurückkommen, zurück in die schützende, bergende, wunderbare Stadt, muss ich mich erst mal ausruhen. Und fernsehen. Zum Beispiel Sendungen, die von Menschen handeln, die sich alte Häuser gekauft haben, um dann festzustellen, dass im Bad Schimmel ist, die Decke kurz vor dem Einsturz steht – und der Dunstabzug in der Küche dazu neigt, zu explodieren. Dann kommt ein Team von Architekten, Innenraumgestaltern und Handwerkern, schickt die leidende Familie erst mal zur Tante aufs Land und saniert das Anwesen, wobei die Farbe Lindgrün Verwendung findet. Anschließend darf die Familie zurück, sagt Ah und Oh und Toll und Super. Die Welt ist wirklich irre, finde ich. Pia sagt: »Morgen haben wir einen Termin im Osten.« Ich schätze, auch dort gibt es wieder einen Dunstabzug zu besichtigen. Ich sehe neuerdings viele Dunstabzüge.

Irgendwann nach einem dieser Samstage, die man bei Wassertretern oder Jägerzaunbesitzern verbracht hat, sagt Pia: »Weißt Du, vielleicht sollten wir uns selbst ein Haus bauen.« Das ist ein ganz besonderer Augenblick. Eine neue Dimension tut sich auf.

Und dieser Augenblick macht ein Geräusch. Es ist ganz genau das Geräusch, das ein Geist machen würde, der nach Jahrzehnten Gefangenschaft aus der Flasche schlüpft.

Dann kommt das neue Jahr. Familien mit kleinen Kindern verbringen die Neujahrsnacht nicht besonders rauschhaft. Oft ist das Bleigießen einer der Höhepunkte, kurz vor dem Abfeuern einer kleinen Packung politisch inkorrekter Brot-statt-Böller-Böller.

Pia befördert das flüssige Blei, das sie über einer kleinen roten Kerze geschmolzen hat, in das Wasserglas, während wir alle zusehen. Es zischt und pfffft, und dann holt sie die erstarrte Form aus dem Glas. Es ist so eindeutig in seiner Form, dass ich noch lange darüber staunen werde: Es ist ein Kran. Auf der Bleigießerpackung sind die wichtigsten Symbole erklärt. Der Kran bedeutet, dass man ein Haus bauen wird. Noch heute frage ich mich, wie sie das gepfuscht hat – oder ob das Bleigießen unterschätzt wird als Orakel. Ich selbst gieße etwas Unförmiges, was man mit viel Mühe für einen Spaten halten könnte. Pia bringt diese Mühe leicht auf. Ein Symbol für Immobilienkreditpleiten oder Hausbaudesaster gibt es auf unserer Bleigießerpackung nicht.

6. Kapitel, in welchem ein Grundstück gefunden wird. Nicht irgendeines, sondern das Grundstück. Es treten auf: Diogenes, Odysseus und Bauernfeind. Die These, wonach das Leben grundsätzlich eines in Mietverhältnissen ist, erweist sich als richtig, wird aber eben deshalb von Pia als irrelevant denunziert. Die Hoffnung auf ein Leben ohne Gartenzaun erlischt.

»Alles im Leben ist Miete.«
Der Satz hat einen Nachhall und schwebt für ein paar Sekunden im Raum. Es ist mittlerweile Februar, ein besonders schöner, hellblau klingender Tag voller Sonne. Wir sitzen zur Mittagszeit im Restaurant, nicht weit von ihrer Agentur entfernt. Ich habe heute frei, Max ist im Kindergarten, Julia und Anton besuchen die Schule. Die Laune ist prächtig. Von draußen kommt ein Sonnenstrahl herein und berührt für einen schönen Augenblick meinen Alles-ist-Miete-Satz, als wolle er mir Recht geben.

Pia und ich sind umgeben von knisternden Zeitungsseiten. Es ist wenig los. Wir sitzen, blättern, lesen und erleben einen eigentümlich entspannten Augenblick in einer an sich total verspannten Situation. Man darf nicht vergessen: Seit bald zweieinhalb Jahren sucht meine Frau zunehmend frustriert ein Haus, weil sie einen Garten will. Während ich das in dieser Unbedingtheit nach wie vor nicht teile.

Und ob die Kinder wirklich wollen? So genau wissen Eltern ja nie, was ihre Kinder brauchen oder wollen. Liebe und Fürsorge: ja, unbedingt. Anregung: aber sicher doch. Freiheit: ganz bestimmt. Garten? Brauchen sie einen Garten? Ich weiß es nicht.

Aber heute verdirbt mir nicht einmal der Immobilienteil die Laune. Vielleicht liegt das auch daran, dass Pia die Gebrauchthaussuche ebenso wie die Baugruppe aufgegeben hat. Wie sie auch die Recherche nach einer Eigentumswohnung mit Gartenanteil oder Dachterrasse für unter 500 000 Euro eingestellt hat. Das hätte sie sich in München natürlich gleich schenken können. Ich sage nichts dazu.

Ich wähne mich in Sicherheit, denn ihre vor kurzem erst gestartete Grundstückssuche betrachte ich in München, in der teuersten Stadt Deutschlands, als einen dermaßen bizarren Unsinn (angesichts meiner beschränkten Finanzen, die für eine Duplex-Garage reichen könnten), dass ich relativ entspannt bin. Der Immobilienteil kann mir nun nichts mehr anhaben. Ich vermute, die ganze Haus-Garten-Thematik wird sich bald erledigen. Noch lange werden wir im Stadtzentrum wohnen und schon bald über diese schrullige Garten-Idee meiner Frau lachen können. Falsch gedacht.

Pia und ich haben noch etwas Zeit, und ich lese: von Mieten, von – wir sind ja in München – steigenden Mieten, vom Mietpreisspiegel und von Mietminderung, von Mietervereinen und Mieterschutzgesetzen, von bösen und auch von wenigen guten Vermietern. Wir sind ja in München. Und da ist er, der Gedanke, dass alles Miete ist – im Leben. Wirklich alles.

Alles ist temporär, alles ist im Werden und Vergehen und ändert sich unentwegt. Deshalb ist Eigentum vollkommen sinnlos. Und Grundstückseigentum ist die Steigerung von Eigentum.

Das meine ich jetzt nicht so wie Karl Marx, sondern eher in Richtung Downshifting. Downshifting heißt eigentlich »Runterschalten«. Seit einigen Jahren schon wird überall runtergeschaltet: Man tritt kürzer im Beruf. Was, das sollte man schon dazu sagen, das genaue Gegenteil ist von Kurzarbeit. Wer runterschaltet, muss erst mal den Luxus der oberen Gänge erlebt haben. Die meisten Menschen dürften froh sein, wenn sie endlich mal den zweiten Gang reinbrächten.

Downshifter sind also immer auch ein bisschen zynisch. Diogenes, dies nebenher, ist die Stilikone des heutigen Zynikers. Auch meine.

Das Runterschalten war jedenfalls schon vor der großen Krise in bestimmten Kreisen sehr in Mode. Jetzt aber hört man immer öfter von Ex-Managern, die lieber eine Almhütte eröffnen, statt am Burn-out-Sydrom oder am Dow, am Nikkei oder auch nur am Dax zu leiden. Das Downshifting unserer Nuller-Jahre ist sozusagen die Antwort auf die hochtourigen Neunziger-Jahre des letzten Jahrhunderts. So was spricht sich herum, weshalb sich nun überall Menschen darüber streiten, was denn nun größeren Spaß macht: der Verzicht aufs neue Handy oder der Verzicht aufs neue Navi.

Wenn das so weitergeht mit dem allgemeinen Downshiften, dann könnte man bald Zeuge folgender Szene werden: Es treffen sich zwei Männer. Zufällig und nach vielen Jahren. Vielleicht kannten sie sich im Studium und haben sich dann aus den Augen verloren. Sie bleiben also stehen, begrüßen sich und taxieren einander, wie das nur Männer können. Das heißt: Sie scannen ihr Gegenüber in Bruchteilen von Sekunden und errechnen aus der Formel Sonnenbrillenmarke mal Haarschnitt plus Autoschlüsselkonstante ins Quadrat, ob der jeweils andere es geschafft hat. Und schaffen meint anschaffen, anhäufen, auftürmen. Nämlich allerlei hübsches Zubehör. Der eine Mann müsste dann sagen: »Mein Haus, mein Auto, mein Pferd.« Wie in der Werbung. Und der andere Mann müsste erwidern: »Meine Villa, meine Yacht – und meine Pferdepflegerin.«

Aber diesmal, im Downshifting-Zeitalter des Diogenes, läuft es anders. Der eine Mann fächert also drei Fotos auf und sagt herausfordernd: »Das waren: mein Haus, mein Auto, mein Pferd – alles verkauft, weg, futsch, nada!« Doch der andere Mann lächelt nur. Er weiß jetzt, dass er der Bessere ist. Im Downshifting macht ihm keiner was vor. Deshalb sagt er herablassend, während er ebenfalls drei Fotos zückt: »Und das waren: mein Schloss, meine Tankerbeteiligung und meine Aktienoptionen: alles den Bach runter! Total alle. Das waren Millionen. Was sagt du jetzt?« Sieg nach Punkten.

So wird das kommen. Frauen werden damit protzen, dass sie die Prada-Tasche durch eine Aldi-Tüte ersetzt haben. Die Kinder werden einander stolz erzählen, dass ihr Handy jetzt schon zehn Jahre alt ist und keine Features hat. Abteilungsleiter werden im Büro eine Flasche Petrusquelle ohne Kohlensäure kreisen lassen, um ihre neue untergeordnete Stellung mit noch weniger Verantwortung und noch weniger Gehalt zu feiern. Downshifting: Das ist das Motto der Zeit. Niemand kauft in solcher Zeit ein Grundstück. Hörst du, Pia? Niemand!

Und nun ergeht es mir wie dem Zyklopen in seiner dunklen Höhle. Odysseus hatte sich ihm als »Niemand« vorgestellt und ihm dann das Auge zerdeppert. Nun läuft der erblindete Zyklop tobend herum und plärrt: »Niemand hat mich verletzt!«

Pia sagt: »Du bist Niemand, wirst schon sehen.« Genau. Niemand baut ein Haus. Ein Haus für Niemands Frau und Niemands Kinder.

Wenn man weiß, dass man dereinst nichts und niemanden mitnehmen kann, keine Kreditkarte, keinen Autoschlüssel, keine Pferdepflegerin und kein Rheumabett, wozu sich dann belasten mit all dem Besitz? Eine Figur, die mir gut gefällt, ist deshalb eben jener Diogenes. Der hat etwa 400 Jahre vor unserer Zeit in Athen gelebt und sich dort die Geschichte mit der Tonne ausgedacht, die total fiktiv ist. Diogenes hat nie in der Tonne gelebt, sondern fand theoretisch, dass man so wenig besitzen sollte, dass man gut auch in einer Tonne leben könnte.

Diogenes ist der Urfeind der Bausparkasse, der Antichrist der Immobilienwirtschaft. Ich erzähle Pia davon. Sie erwidert etwas zerstreut, während sie nachlässig ihren Tee umrührt: »Nein, Tonne ist nicht gut. Denk an die Kinder. Und was ist mit dem Keller?« Die vom Niederrhein haben es nicht so mit der antiken Philosophie, könnte man meinen. Aber das stimmt nicht. Auf ihre Weise will Pia mir einfach nur zu verstehen geben, dass es vollkommen sinnlos ist, ihr weiter Widerstand zu leisten. Der Frieden ist fragil, auch an diesem Februartag. Dabei bauen wir noch gar nicht, wo denn auch?

»Grundbesitz ist lästig«, sage ich, »ja wahnsinnig. Niemand baut ein Haus in München. Nur Verrückte. Alles ist vergänglich. Man darf sich nicht binden, man muss sich ganz der Natur anvertrauen. In der Natur gibt es keine Katasterämter mit Grundbuchauszügen. Alles Wahnsinn. Die Tonne ist die Philosophie von heute, und die Miete ist das Lebensprinzip von morgen. Alle kommen gerade zurück in die Stadt. Die Häuser werden verkauft und sind bald nichts mehr wert. Denk an Amerika, denk an die Krise.«

Pia sagt: »Dann zieh doch in die Tonne, Liebling, und zahl dafür Miete. Ich suche dafür ein Grundstück für ein Haus mit Garten. Am Stadtrand.«

Sie hat Unterstützung von unseren guten Freunden. Klaus und Amelie wohnen in einem wunderschönen Hexenhäuschen am Ammersee. Klaus ist Anwalt in einer Münchner Kanzlei. Er fährt morgens 70 Kilometer in die Kanzlei und abends 70 Kilometer in sein Haus. Er sagt: »Das ist toll.«

»Klaus«, sage ich, »das ist Wahnsinn. Das stresst, ist ökologisch verwerflich und kostet einen Haufen Geld. Und dauernd stehst du im Stau.«

»Unsinn«, sagt Klaus, »Stau ist in Ordnung, weil man da telefonieren und arbeiten kann. Außerdem ist es gut, wenn zwischen Büro und Zuhause eine gewisse Distanz liegt. So bekommt man Abstand von der Arbeit und ist zu Hause völlig befreit. Du mit deinem Fahrrad und den zehn Minuten vom Büro in eure Wohnung, du bringst jedes Mal eine ganze Menge Stress mit nach Hause, das ahnst du gar nicht, aber es ist so. Ist erwiesen.« Klaus bezeichnet 140 Kilometer täglich zur Arbeit und zurück als eine »gewisse Distanz«. Er ist Anwalt, könnte aber sicher auch als Makler sein Brot verdienen.

Bei Klaus ist immer alles erwiesen. Um die Überlegenheit seiner Lebensweise zu demonstrieren, mailt er mir seit einiger Zeit die Angebote von Häusern am Ammersee zu. Ich gebe zu: Es ist so schön dort, dass ich da gerne leben würde, am See, in den Bergen, auf den Wiesen. Aber leider arbeite ich nicht am Ammersee, weil ich beispielsweise kein Ammersee-Fischer bin. Oder weil ich kein Ammersee-Dampfer-Kapitän bin. Ich glaube, Klaus ist vor allem auf der Suche nach einem Stau-Partner. Der ADAC behauptet, dass der Stau die Kommunikation unter den Menschen letztlich befördere, Stau sei per se etwas Gutes. Der ADAC und Klaus: Die sind gefährlich.

Klaus und Amelie haben zwei Töchter, Sophie und Klara, die sich mit Julia befreundet haben. Wenn wir uns treffen, ob am Ammersee oder in München, denken sich die Mädchen immer ein Theaterstück aus. Eine Aufführung von Beckettscher Dringlichkeit ist dann normalerweise der Abschluss unserer Treffen. Das letzte Mal hieß das Stück »Auf dem Land«. Es handelt von einem bösen Vater, der aus beruflichen Gründen seine drei Töchter, die Klara, Sophie und Julia heißen, dazu zwingt, vom Land in die böse, dunkle Stadt zu ziehen. Auf dem Land lebte die Familie friedlich mit Hund und Esel und Hahn zusammen. Dauernd wurden Berge bestiegen und lustige Wanderlieder gesungen. Dann kam der Umzug in die Stadt, die aus verregnetem Teer und finsteren Häuserschluchten besteht. Alle werden unglücklich: die Mädchen, der Hund, der Esel und auch der Hahn, die Hundi, Eseli und Hahni heißen. Sie flehen den Vater an, er möge umkehren, zurück aufs gelobte Land. Das tut er dann auch. Alle sind wieder glücklich. Vorhang. Beifall.

Ob Klara und Sophie ein guter Umgang sind für meine Tochter? Wer einen Hund Hundi nennt, hat offenbar auch nicht so viel Phantasie. Da würde ein Gang durch eine belebte Stadt vielleicht mal ganz gut tun.

Pia und ich hängen wieder unseren Gedanken nach. Und während ich noch darüber nachsinne, ob Frauen ein Teil der ewig vergänglichen Mietnatur sein können, sehe ich beim Blättern eine Anzeige, die mir auffällt. Sie ist die einzige Anzeige, die ohne Kasten und Kursivschrift auskommt und ohne dicke, fette Buchstaben. Die Anzeige macht sich ganz schmal: »Traumlage im besten Obermenzing, günstig zu verkaufen«. Ich bin schon lange daran gewöhnt, dass es in München nur beste Traumlagen und traumhafte Bestlagen gibt. Neu ist das »günstig«. Ich bin elektrisiert. Heute weiß ich: Ich war es selbst, der das Schicksal herausforderte. Ich war es, der das Grundstück gefunden hat. Ich sage zu Pia: »Da! Dein Grundstück!« Und Pia liest – und lächelt. So hat sie mich schon lange nicht mehr angelächelt. Wir lesen die Anzeige nochmal und sagen beide wie aus einem Mund: »Das kann nicht sein, das gibt's nicht.« Wir kennen die Münchner Grundstückspreise inzwischen gut genug.

Hastig greife ich zum Handy und wähle die Nummer des Immobilienmaklers. Das Tuten klingt fremd. Fremd und seltsam. Es klingt so, als sollte ich gleich mit dem Schicksal verbunden, um dann in die Zukunft durchgestellt zu werden. Dann meldet sich nach bangem Warten eine Stimme. Sie sagt: »Bauernfeind«.

7. Kapitel, in welchem Wölfe herumstreifen, die bei Kälte in der Luft klirrend zerspringen. Außerdem zeigt sich, dass Schnäppchenjäger verbreitet sind. Unter anderem führt dies dazu, dass ein sehr schmales, dafür preislich ermäßigtes Grundstück gekauft wird, wobei der neue Eigentümer nicht bedacht hat, dass er nun nie wieder Chips essen darf.

In diesem Winter liegt viel Schnee in Bayern. Auf den Bergen, auf dem Land und auch in den kleinen Städten. In München liegt kein Schnee. Hier sind die Straßen und Bürgersteige nur von einem schwarzen, öligen, feinstaubigen Schneewasser geflutet. Denn es ist mit einem Mal ungewöhnlich warm geworden. Der Februar scheint lieber ein März sein zu wollen und behauptet an diesem Tag sogar, zum April befördert worden zu sein. Übrigens ist es in München meistens zu warm für einen ordentlichen Winter mit Schneepuder, Eislaufen und Schlittenfahren im Englischen Garten.

Ich vermisse den Schnee im Wintermünchen. Vielleicht schneit es ja wegen des Klimawandels nicht mehr so viel wie früher. Und bestimmt war ich seinerzeit kleiner, so dass die Schneewehen und die am Rand der Straßen mit scharrendem Geräusch zusammengeschobenen Schneebuckel größer wirkten. Außerdem war früher immer alles besser. Aber in der kleinen Stadt, aus der ich komme, lag wirklich oft Schnee – von November bis März mindestens. Das Knarzen und Ächzen von steifgefrorenem Schnee unter den Füßen habe ich noch im Ohr. Auf dem Land ist es einfach kälter als in der Stadt.

Wenn ich Anton, Max oder Julia als Bewohner einer immerwarmen Stadt etwas von klirrender Kälte erzähle, halten meine Kinder die Kälte für ein gläsernes Gefäß, das man nicht fallen lassen darf, weil es sonst zerspringt.

Das war in meiner Jugend anders. Mein Vater, der auch sonst manche tolle Geschichte erfunden hat, erzählte mir einmal, dass er als Junge in seiner Heimat, also im Isergebirge (zu der Zeit war es noch von deutschen Sudeten bewohnt), immer mit Skiern in die Schule fahren musste. Kilometerweit. Über Berg und Tal. Durch meterhohen Schnee. Nicht selten sei man von hungrigen Wölfen angefallen worden. Einmal habe ihm ein Wolf hinter der Tanne am vereisten Bach aufgelauert. Der Wolf sprang zähnefletschend und mit furchtbarem Geheul auf ihn zu. Dann aber, mitten im Angriff, erfror der Wolf. So dermaßen saukalt sei es damals gewesen, so ungeheuer eisig, dass der Wolf mit einem feinen hellen Klirren mitten in der Luft zersprang – und als liebliches Gestöber zu Boden rieselte. Vater, dieser Held, erreichte die Schule nicht nur pünktlich auf die Minute, sondern auch heil und in einem Stück.

An dieses ungeheure Lügenmärchen kann ich mich gut erinnern. Ich war vielleicht fünf Jahre alt und glaubte alles. Seither finde ich es erst kalt, wenn Wölfe in der Luft zerklirren und zu Boden rieseln. Meine Kinder finden die Geschichte doof.

Irgendwie hat es also mit meinem Vater zu tun, der schon lange tot ist, dass ich den tief verschneiten Blumenauer Weg in Obermenzing, den mir der Makler des Grundstücks als Adresse nennt, auf Anhieb ins Herz schließe. Für Münchner Verhältnisse liegt dort geradezu exotisch viel Schnee, außerdem ist es ein schöner Tag.

Auch wenn es mir nicht gefällt, ich und das Viertel am westlichen Rand von München, wo ich niemals menschliches Leben oder irgendwelche Spuren von Zivilisation vermutet hätte: Es ist Liebe auf den ersten Blick.

In dieser denkwürdigen, für einen Innenstadtbewohner gefährlich irrationalen Stimmung suche ich nach dem Grundstück, das mir Bauernfeind am Telefon beschrieben hat. Unter anderem mit dem Hinweis, es sei nicht leicht zu finden. Nicht leicht? Das Grundstück existiert nicht. Bauernfeind spricht von einem »Geheimtipp«.

Das Grundstück, mein zukünftiges Zuhause, meine Scholle, bleibt unauffindbar. Es soll zwischen Nr. 11 und Nr. 13 liegen. Im Schritttempo fahre ich über leise knirschendem Schnee ein paar Mal vorbei. So leise und sacht knirscht sonst meines Wissens nach nur noch der Schnee in Helsinki, wobei dort das Knirschen aber auch von depressiven Taxifahrern herrühren mag, die betrunken auf der Straße liegen und unter die Räder kommen. Hier in Obermenzing, in diesem Wintermärchen, gibt es bestimmt keine Depressionen. Dafür gibt es vor allem viel Zaun. Manchmal ein Schild »Wenden verboten«. Es gibt Bayernfahnen, aber zum Glück auch viele Bäume, die die Fahnen verdecken. Die Häuser und Straßen hier sind nicht alle glamourös – aber dafür immer vertrauenserweckend. Ich fahre noch langsamer, noch knirschiger: Wo ist denn nun das Grundstück?

Haus, Lattenzaun, Bäume, Sträucher, Jägerzaun, Haus, nichts. Bis mir auf einmal eine Tanne winkt. Die Tanne stellt sich als Bauernfeind im Lodenmantel heraus.

»Grüß Gott, herrlich oder? Extrem billig, greifen Sie zu. Es gibt auch andere Interessenten. Viele andere Interessenten.«

»Grüß Gott, was meinen Sie? Wo ist denn das Grundstück? Ich sehe keines.«

»Na hier«, brummt Bauernfeind unter seinem Lodenschnurrbart, »ich steh drauf.«

Bauernfeind steht in einer Art Schneise zwischen zwei Häusern. In einer Schlucht. Die fragliche Bestlage soll von dem einen großen Baugrund, auf dem ein Mehrfamilienhaus steht, abgetrennt werden. Zwölf Meter breit und fünfzig Meter lang. Bauernfeind hat mit Farbe den Lattenzaun vorne an der Straße markiert, damit man sich vorstellen kann, wo die Grenzen der Bestlage verlaufen. Das Grundstück ist extrem schmal. Eine Parzelle, wie geschaffen, um 50-Meter-

Sprints zu üben. Oder für eine Schießanlage. Geeignet eigentlich für alle Linear-Sportarten. Das Mehrfamilienhaus auf der einen und ein kleines Einfamilienhaus auf der anderen Seite scheinen ohnehin schon eng vertraut beieinander zu stehen. Und dazwischen soll ich mein Haus pferchen? Nie und nimmer.

Das wäre wie in der U-Bahn, wenn man mit vielen Leuten in einem vollbesetzten Abteil mehr oder weniger aufeinander sitzt. Manchmal kommt dann noch so ein jovialer Rundschädel dazu und sagt, »Na, das geht wohl noch«, um seinen Wanst ins beengte Abteil zu stopfen. So ein Wanst will ich nicht sein.

»Nein danke!«, will ich schon zu Bauernfeind sagen, »kein Interesse.« Da kommt der Nachbar dazu. Beiläufig sagt er mir, das schmale Grundstück koste, weil es ja eigentlich nicht zu bebauen sei, ein gutes Drittel weniger als hier üblich. Schon seit einem Jahr sei es quasi unverkäuflich. Ein billigeres Grundstück gäbe es in dieser Größe in ganz München nicht. »Das ist ein Schnäppchen.«

Der Schnäppchenjäger gehört leider zu den am meisten abstoßenden Erscheinungen der modernen Warenwelt. Man begegnet ihm zum Beispiel in jenen Restaurants an der Salatbar, die »All-you-can-eat«-Buffets anbieten. Man zahlt fünf Euro für den Salat und darf sich dann auf den Teller türmen, was die Gesetze der Schwerkraft hergeben. Einmal habe ich so einem Häppchenjäger zugesehen. Das war nicht irgendjemand. Das war offensichtlich ein ganz Großer in seiner Branche.

Ein Vollprofi. Man merkte das schon daran, dass er mit den Gurkenscheiben anfing.

Also: Er nimmt nur die dicksten Exemplare und achtet darauf, dass sie etwas gelblich, also trocken und ausgehärtet sind. Mit diesen betonhaften Scheiben belegt er seinen Teller. Ganz sachte. Er hat Zeit. Kostet ja nichts. In der Mitte fängt er an, dann reiht er Gurke an Gurke – bis er den Tellerrand erreicht. Hier nun zeigt sich seine Klasse: Er lässt die Scheiben auskragen und fordert die Statik heraus. Schicht um Schicht errichtet er ein gewaltiges Gurkenfundament und vergrößert zugleich die Tellerfläche um das Doppelte. Ganz große Ingenieursbaukunst. Die anderen Gäste an der Salatbar rücken sichtlich beeindruckt von dem Mann ab. Denn jetzt geht's erst richtig los. Jetzt kommen die Karottenplatten, die Eierpaneele und die dauerelastischen Radieschenkugeln. Und immer wieder: Zwischengurkengeschosse. Als raumbildende Konstruktion dienen Paprikaträger und Selleriestützen. Tomaten- und Olivendämmplatten kommen auch zum Einsatz. Erst am Ende wird der irre Salatberg mit einer Mischung aller vorhandener Salatsoßen übergossen. Es gießt wie aus Kübeln.

Der Häppchenjäger ist also eine besonders maßlose Sonderform des Schnäppchenjägers. Interessant ist das Studium des Häppchenjägers insofern, als man als Zuschauer alles über die Ästhetik und das Wesen des Angstsparens, des Pfennigfuchsens, des Angebot-Checkens sowie des Billig-Salat-Schaufelns in der Geiz-ist-geil-Gesellschaft erfährt.

Psychologen und Marketingexperten wissen, dass bei Worten wie »Rabatt«, »Gelegenheit« oder »Schnäppchen« das Gehirn seine Tätigkeit von den für Vernunft zuständigen Arealen in den Bereich der Irrationalität verlagert. Man kann praktisch nichts dagegen tun. Es gibt deshalb sogar Handelsketten, die ihren Kunden versprechen, das Geld für ein Produkt zurückzuzahlen, wenn man die gleiche Ware in einem anderen Kaufhaus billiger entdeckt. Auch der Fabrikverkauf, die Outletburgen im Umland, die Discountparadiese: All das funktioniert nur, weil wir, sobald wir »Rabatt« hören, reagieren wie der Pawlowsche-Hund, der beim bloßen Anblick von Futter zu Sabbern beginnt.

Gut möglich, dass es bei Menschen schon dann passiert, wenn sie ein Rabatt-Schild sehen.

Schnäppchen lösen angeblich einen Schub des Nervenbotenstoffs Dopamin im Gehirn aus – und damit auch einen Handlungsimpuls. Wir greifen einfach zu. Bildaufnahmen des Gehirns belegen, dass Dopamin bei attraktiven Kaufanreizen eine Struktur im Vorderhirn aktiviert – den Nucleus accumbens –, der auch bei der Entstehung von Süchten eine wichtige Rolle spielt. Für die Vernunft zuständige Bereiche unseres Großhirns werden durch rauschähnliche Glücksgefühle vorübergehend lahmgelegt. Sagt die Wissenschaft.

Deshalb können aus scheinbar zivilisierten Menschen unter Umständen rücksichtslose Raubtiere werden.

Kann also gut sein, dass ich einem sabbernden Hund

gleich auf dem Schnäppchengrundstück stehe, die Pupillen wie unter Drogenkonsum geweitet und bereit bin, die Gelegenheit eines absurd schmalen Grundstücks gegen die vermuteten tausend anderen Interessenten, die mir Bauernfeind andeutet, nach Art eines Raubtieres zu verteidigen. Dieses Grundstück gehört mir. Das ist mein Knochen. Ich kann nichts dafür. Der Nucleus accumbens ist schuld. Zu meiner eigenen Verblüffung höre ich mich sagen: »Herr Bauernfeind, ich bin sehr interessiert. Ein tolles Grundstück, wirklich. Fabelhaft.«

Pia ist seit langem klar, dass wir uns in München nur ein Problemgrundstück leisten können. Einen Baugrund zwischen zwei Autobahnen zum Beispiel. Oder etwas in der Einflugschneise des Flughafens. Oder radioaktiv verseuchten Boden. Jetzt haben wir endlich unser Problem entdeckt, nach dem wir so lange gesucht haben: das superschmale Problemgrundstück in Bestlage, das niemand will. So schmal ist es, dass man wegen der Bauordnung und der notwendigen Grenzen zu den Nachbarhäusern nur ein Haus darauf bauen kann, das exakt 5 Meter 50 breit ist. Sagt Bauernfeind.

Dann kommen die Bedenken, meine alten Begleiter. Und die werden nicht geringer, sobald ich Freunden von dem Superschnäppchengrundstück erzähle. Wenn sie die Adresse nämlich googeln, finden sie dort kein freies Grundstück. Ich muss ihnen dann erklären, dass wir von einem schon bebauten Grundstück wie mit einem spanischen Schinkenhobel ein hauchdünnes Scheibchen abschneiden werden, um darauf ein Haus zu bauen. Aber Pia glaubt daran. Jetzt zahlt sich mein jahrelanger Widerstand aus: Sie ist Feuer und Flamme für das Restgrundstück – sonst, denkt sie, springe ich gleich wieder ab. Sie geht mit mir so behutsam um wie der Angler, der den Karpfen anbeißen sieht.

Wobei ich sagen muss: Für meine schmale Frau ist ein schmales Haus keine besondere Herausforderung. Für mich schon.

Um den Unterschied deutlich zu machen: Meine Frau kann eine geöffnete Tüte Chips mit übermenschlichen Kräften wieder zurück in den Schrank stellen. Ich nicht. Die Frage wird also sein: Passe ich in ein Haus, das später vermutlich aussehen wird, als wohnten dort Elfen? Würde sich das Haus, von dem ich bislang annahm, es könne sich eigentlich nur als ernstes, kaum lösbares Finanz-, Ehe- und Urbanismus-Problem erweisen, würde sich dieses Haus in letzter Konsequenz als noch viel drastischeres und noch viel unlösbareres Diät-Problem erweisen?

Ich werde in einem Haus leben, in das ich nicht mehr reinkomme, sollte ich mal irgendwann zehn Kilo zunehmen. Oder ich sitze auf dem Sofa, esse ungesundes Knabberzeug beim Fußballgucken, dann gibt es Verlängerung, dann Elfmeterschießen, und weil das alles so lange dauert und weil das ungesunde Knabberzeug nicht mehr unter Kontrolle zu bringen ist, nehme ich auf dem Sofa sitzend zehn Kilo zu und komme die

Treppe nicht mehr runter. Geschweige denn aus dem Haus raus.

Es gibt Bilder von Menschen, die mit dem Kran aus einem Haus gehoben werden. Werde ich einmal an einem Kran hängen, weil ich zuviel Bier getrunken habe?

Das Haus wird sich anfühlen wie ein zu schmal geschnittener Anzug. Wie ein Pulli, der zu heiß gewaschen wurde.

Nicht, dass schmale Häuser nicht irgendwie typisch wären für München. Aber dass es gar so schmal ist, stimmt dann doch bedenklich. Ich erzähle einem Kollegen davon. Er sagt, dass im Mittelalter alle Häuser ganz schmale Stirnseiten hatten, weil nach der Breite vorne an der Straße die Steuer bemessen wurde. Aber hinter ihren schlanken Stirnen seien die Häuser unfassbar in die Breite gegangen: Sie hätten sozusagen monströs fette Hinterteile gehabt.

Keine Ahnung, was ich schlimmer finde: das fette Hinterteil oder das Diät-Problem.

In ihrem Song »Once in a Lifetime«, der nicht zufällig so heißt wie der deutsche Fernsehmehrteiler »Einmal im Leben« aus dem Jahr 1972, in der die Familie Semmeling ein Haus baut und damit so komisch wie bemitleidenswert scheitert, in diesem Song singt die amerikanische Band »Talking Heads« sinngemäß: Man kann in einem Shotgun Shack leben, also in einer Schrotflintenbude, in einem falschen Teil der Welt – oder aber man lebt im richtigen Teil der Welt, und zwar zusammen mit einem riesigen Auto, einer tollen Villa und einer wunderschönen Frau.

Nun sieht es ganz so aus, als ob mich das Schnäppchengrundstück dazu führen würde, der stolze Eigentümer einer Schrotflintenbude zu werden.

Für Pia kein Problem. Sie sagt: »Elvis ist auch in so einem Haus geboren worden. Und Elvis ist viel besser als die Talking Heads.«

Sie hat Recht. Pia kennt sich aus in der Baugeschichte. Ich habe das alles nachgelesen. Es stimmt. Das Schrotflintenhaus ist eine amerikanische Erfindung, kommt aus dem Süden der USA und wurde hauptsächlich zwischen dem Bürgerkrieg und den zwanziger Jahren gebaut. Meistens für ärmere Leute. Denn das Kennzeichen eines Schrotflintenhauses ist die extrem lange, schmale und rechteckige Form. Traditionell errichtete Shotgun Houses bestehen demnach aus dünnen Holzwänden und haben zwei bis fünf Zimmer, die alle ohne Flur aus Platzspargründen direkt auf einer Ebene hintereinander angeordnet sind.

Daher Schrotflintenhaus. Wenn man mal mit jemandem abrechnen muss, der in so einem Haus lebt, stellt man sich einfach mit der Schrotflinte vors Haus und ballert los. Da alle Zimmer hintereinander liegen und alle Wände dünn sind, ist die Chance groß, einen Treffer zu landen.

Nicht, dass mich das jetzt beruhigt hätte. Aber Elvis, immerhin.

Ich hätte nie gedacht, dass ich mir mal, indem ich mich bis zum Äußersten verschulde, ein Arme-Leute-Haus erbauen würde. Aber wie die Talking Heads schon singen: »... und du wirst dich fragen: wie komme ich nur hierher?«

Das ist übrigens ganz genau die Frage, die sich Bruno Semmeling in der Fernsehserie »Einmal im Leben« auch immer gestellt hat. In den siebziger Jahren war die Sendung, die immer am Sonntag lief, ein Gassenhauer, ein Straßenfeger. Bruno Semmeling ist darin ein Ingenieur in einer Hamburger Maschinenfabrik mit einem durchschnittlichen Einkommen. Er und seine Frau Trudchen haben die ständigen Mieterhöhungen satt und wollen ihren Traum vom Eigenheim verwirklichen. Sie nehmen einen Kredit auf, beginnen mit dem Bau und erleben dabei nichts als Katastrophen. Der Bauunternehmer ist ein Desaster, der Polier eine Tragödie. Die Architekten sind Debakel, jeder für sich. Alles geht viel langsamer als erwartet, und als Bruno wegen Betriebsferien in der Fabrik endlich Zeit hat, den Hausbau selbst zu überwachen, sind die Handwerker im Urlaub. Und alles wird viel teurer als erwartet. Neben der Miete zahlen die Semmelings bereits die monatlichen Abschläge für das neue Haus, und die müssen sie nun noch erhöhen, weil Trudchen immer nur die teuerste Ausstattung anfordert, denn es ist ja für immer. Am Ende sind alle erschöpft, verschuldet, aber stolz, und so zieht Familie Semmeling mit Vater, Mutter und Kind endlich ins eigene Haus. Aber dann entdecken sie die Baumängel...

Trudchen? Pia? Hörst du das?

Trotzdem: Das Grundstück, der Grund, die Scholle, unser »Fleckchen Erde«, was soll ich sagen, es lässt mich nicht mehr los. Eigentlich will Pia von Anfang an nur ein Haus mit Garten. Den Grundbesitz nimmt sie als notwendiges Übel dazu, vor allem, weil sich bei unserer jahrelangen Suche nach dem richtigen Haus gezeigt hat, dass wir das perfekte Haus einfach selbst bauen müssen.

Deshalb fahre ich jetzt beinahe täglich in der Mittagspause raus in den Blumenauer Weg, um mir unser Haus darauf vorzustellen, um zu sehen, wo die Sonne auf und wo sie untergehen wird. Um rauszukriegen, ob einer der Nachbarn sich vielleicht als Nazi oder als Kinderschänder herausstellen wird, um nachzusehen, ob irgendwo eine Studentenschaft haust, die nachts wüste Saufgelage abhält.

Außerdem denke ich daran, mit einem Wünschelrutengänger übers Grundstück zu laufen, weil vielleicht irgendwelche schädlichen Energieströme herumpulsen. Ich bin jetzt begeistert: ein Haus! Und deshalb überziehe ich natürlich total. Es ist ja für immer. Einmal im Leben. Jetzt muss alles perfekt sein. Pia seufzt. Sie kennt mich: ganz oder gar nicht. Alles dazwischen wäre ein vernünftiges Leben.

Ich studiere Karten, um rauszufinden, ob man hier vielleicht schon bald eine neue Umgehungsautobahn oder eine neue Einflugschneise zum Flughafen planen könnte. Wenn man sich klarmacht, dass man schon bald ein bestimmtes Grundstück kauft, für viel Geld, wird man unglaublich nervös. Ich jedenfalls. Pia ist die Ruhe selbst. Sie hat das Grundstück gesehen, schön gefunden und ausgerechnet, dass es bezahlbar ist. Das genügt ihr.

Mir ist es dagegen wichtig, die Zeit zu stoppen, die Julia brauchen wird, um in die nahe gelegene Schule zu kommen. Ich bin unglaublich angespannt. Die Entscheidung, eine bestimmt Frau zu heiraten, scheint mir viel einfacher zu sein als die Entscheidung, ein bestimmtes Grundstück zu kaufen. Das ist natürlich töricht. Von Grundstücken kann man sich wieder trennen, ohne dass Scheidungsanwälte eingeschaltet werden müssen.

Man hat einfach Angst, sich für das falsche Grundstück zu entscheiden. Und man kann nie wissen. Was, wenn sich die Nachbarn links als Fans von Heino herausstellen und die Nachbarn rechts als Powergriller von März bis November? Dann würde ich die meisten Sommer nicht in meinem Garten verbringen, sondern in den böhmischen Bädern Karlsbad und Marienbad. Wie Goethe.

Allgemein wird angenommen, dass Goethe dorthin reiste, um erotische Abenteuer zu erleben, um kosmopolitische Bekanntschaften zu pflegen, vielleicht auch wegen der Kriegsgefahr. In Wahrheit war er auf der Flucht vor seinen Nachbarn. Hinter seinem Haus am Frauenplan in Weimar eröffnete nämlich eines Sommers eine Wirtschaft mit Kegelbahn. Goethe schrieb: »So ward zuletzt von Morgen bis in die Nacht gekegelt, wobei es denn an Geschrei, Lärm, Streit und anderen Unarten nicht gebrach.«

Und so frage ich sicherheitshalber einen unserer mutmaßlichen Nachbarn, ob es in der Nähe eine Kegelbahn gibt, wobei es denn an Geschrei und Lärm nicht gebricht.

8. Kapitel, in welchem das Geld regiert. Am Ende geht es allerdings nicht um Cent, sondern um Millimeter.

Eine meiner Lieblingsszenen in einer meiner Lieblingsfernsehserien, die schon lange nicht mehr zu sehen ist, läuft auf einen einzigen grandiosen Satz hinaus. »Mogst a Villa?« Zur Erläuterung für Nichtbayern wie beispielsweise Pia – das heißt: »Möchtest du vielleicht ein schönes großes Haus besitzen?« Die Villa, die seit der Renaissance als ländliche Entsprechung zum Stadtpalast gilt, hat eigentlich nur noch in Bayern eine abgründige Bedeutung. Die Villa ist hier eher eine Lebens- als eine Bauform.

Es ist fünf Uhr früh, und »Baby« Schimmerlos, Zeitungskolumnist und Held der Fernsehserie »Kir Royal«, die möglicherweise das beste Porträt der Stadt München liefert und aus den achtziger Jahren stammt, kommt betrunken nach Hause. Mona, seine Freundin, sagt: »Du bist ja total besoffen!« Worauf Schimmerlos antwortet: »Stimmt net. I… bin… nur sternhagelblau.« Das hindert ihn nicht daran, ein paar verknitterte Fotos aus der Tasche zu ziehen und Mona zu Füßen zu werfen – mit den Worten: »Mogst a Villa?«

Auf den Fotos ist eine alte, heruntergekommene, herrlich anzuschauende Villa am Starnberger See zu sehen.

Der Hintergrund tut hier eigentlich nichts zur Sache.

Nur soviel: Hubert von Dürkheimer, Konsul der Inselgruppe Kondadora, braucht Schimmerlos als Strohmann für einen Immobiliendeal, in den auch noch Bürgermeister Wimmer und der Landtagsabgeordnete Josef Geisshofer verwickelt sind. Schimmerlos glaubt, er könne alle austricksen, nimmt einen Millionenkredit auf, kauft die Villa – und genau in dieser aufgeräumten Stimmung kommt er nach Hause. Mogst a Villa? Worauf er fast schon wieder nüchtern wird vor Freude. Er erzählt, dass er sich dieses Traumhaus schnappen werde, dass es eben auch ein Schnäppchen sei, dass er alles renovieren lasse und dass er dann mit Mona dort leben wolle. »Du und ich. In einer Villa. Am See. Du und dein Baby. Was sagst?« Und dann, weil die große Euphorie ausbleibt, sagt Schimmerlos drängend: »Jetzt freu dich doch!«

Man muss vielleicht ein mittlerer Mann mit mittleren Mitteln in mittleren Jahren sein, um zu begreifen, was es bedeutet, der Liebsten die Frage aller Fragen zu stellen.

Am Ende kommt Schimmerlos gerade noch mit ein paar Blessuren heraus aus der Geschichte, die Villa am See wird vom Freistaat Bayern gekauft. Was bleibt ist die Sehnsucht und ein großes Zitat. Natürlich wollte ich nie in meinem Leben ein Haus – aber ich wollte immer in meinem Leben eine Frau fragen, ob sie vielleicht zufällig gerade eine Villa haben möchte. Nur so. Als Geschenk. Jetzt freu dich doch.

Ich frage Pia, ob sie immer noch ein Haus haben

will, denn nun bin ich reif. Und wenn nicht reif in einem geistigen Sinn, so doch entschlossen in einem rauschhaften, fernsehdrehbuchhaften Sinn, ihr, wenn nicht eine Villa, so doch eine Schrotflintenbude zu bauen. Ich. Ihr. Meiner Frau. Ich bin sternhagelblau vor Freude und unfassbar stolz auf mich.

Ja, ich bin glücklich in diesem Augenblick. Da habe ich aber auch noch kein Gespräch mit der Bank geführt. Dafür schenkt mir Pia an diesem Tag einen ihrer zärtlichsten Blicke und dazu ihr gesamtes Erbe, denn sonst hätten wir keinen Cent Eigenkapital.

Eigentlich sollte es mit dem Hauskauf so sein wie in dieser Werbung: Ein Mann und eine Frau unter südlicher Sonne. Sie planschen träge im Pool eines Anwesens, das wie ein gigantisches Sahnebaiser aussieht. Die Frau gähnt. Dann sagt sie träge zu ihm: »Ich glaub, ich geh mir mal schnell ein Auto kaufen.« Worauf er nur etwas unverständlich Zustimmendes brummt. Sie entfernt sich, da fällt ihm noch was ein, und er ruft ihr hinterher: »Ach, du, bring mir doch bitte auch eins mit.« Als ginge es nicht um ein Auto, sondern um einen Viererpack Joghurt.

Beim Autokauf hat mir mal der Verkäufer gesagt: »Lassen Sie sich ruhig Zeit. Nach dem Haus ist das Auto ja der bedeutendste Kauf, den man normalerweise machen kann. Das will gut überlegt sein, nicht wahr?«

Nicht wahr? So sehe ich das auch. Schon beim Autokauf habe ich monatelang Bedenken und unruhige Nächte. Ich mache mir Sorgen wegen der Finanzierung, wegen der Kosten und wegen all der Entscheidungen, die zu treffen sind. Allein die Frage nach der richtigen Farbe treibt mich an den Rand der Handlungsunfähigkeit. Und ein Haus kostet in München so viel wie zwanzig mittelteure Autos. Ich wollte, ich wäre ein Mensch, der am Pool liegend seiner enteilenden Gattin hinterruft: »Bring mir doch auch ein Haus mit, Schatz.« Aber ich bin eher derjenige, der an der Fliesenfrage scheitert. Jemand, der ein paar Monate Bedenkzeit braucht, um sich darüber klar zu werden, wo der Wasserhahn im Außenbereich ans Haus montiert werden soll.

Nicht, dass ich penibel oder unentschieden wäre.

Das kommt davon, dass ich, obschon Mieter aus Berufung, Dinge mit Ewigkeitsanspruch im Grunde gern habe. Ich finde, sie ersparen einem Moden und Nachdenken. Beides sind anstrengende Angelegenheiten.

Andererseits, das ist ja so unfassbar deutsch: das Haus für die Ewigkeit. Häuser in Amerika passen auf einen Anhänger mit ihren dünnen Bretterbudenwänden. In Deutschland muss ein Haus eintausend Jahre, nein, kein guter Vergleich, sagen wir einhundert Jahre halten. Muss aus Stein und dicken Wänden bestehen. Muss immer so aussehen, als ob es schon immer so ausgesehen habe. Wenn Häuser hierzulande nur nicht so ein unendliches Verfallsdatum in Anspruch nehmen würden, würde man sich vielleicht leichter entscheiden können zum Bau eines Hauses. Vielleicht sollten Häuser doch Modeerscheinungen sein.

Erschwerend kommt hinzu, dass man das Haus nicht allein kauft – sondern zusammen mit einer Bank und einem Notar.

Der Notar heißt Dr. Kreuzpaintner. Die Verkäuferin des Grundstücks, Frau Ottendichl, dazu Herr Ottendichl, Makler Bauernfeind, Pia und ich treffen uns Anfang April im Notariat am Marienplatz. Ich bin so aufgeregt wie bei meiner Hochzeit. Merkwürdig ist, dass sich auch Dr. Kreuzpaintner so anhört wie ein Pfarrer. So salbungsvoll. Und immerzu reibt er sich die Hände und blickt nach oben. Was mich angeht: Das ist gar nicht falsch. Wer ein Grundstück kauft und kein Immobilienexperte ist, der sollte schon etwas Gottvertrauen aufbringen.

Der Vertrag wird geschlossen. Merkwürdiges Gefühl: Mein Grund und Boden! Mein! »Ja«, sagt Pia, »und deine Schulden.« Dann küsst sie mich so innig wie schon lange nicht mehr, Halbesel hin, Waschbär her. Wieder draußen, am Marienplatz, fällt Schnee, obwohl es April ist. Das halte ich für ein göttliches Zeichen, weiß aber nicht genau, ob es ein gutes oder schlechtes Zeichen ist. Ich rufe die Bank an.

Die Bank hat einen Namen: Daniela Bär. Das ist die Kundenbetreuerin einer Bank, die nach einer ostdeutschen Stadt benannt ist beziehungsweise war. Jetzt trägt sie nur noch den Kommerz im Namen. Seit meiner Studienzeit bin ich dort Kunde. Ich fürchte, ich habe Frau Bär schwer enttäuscht.

Sie hat mir alles beigebracht. In stundenlangen Gesprächen hat sie mir erklärt, was man über Nettodarlehen und Disagio, über Bereitstellungszins und Teilvalutierungszins, über Zinsbindung und Tilgungssatzänderung wissen muss. Es war nicht leicht. Und dann bin ich zur Internetbank gegangen. Wegen ein paar günstigeren Prozentelchen. Der Immobilienmarkt ist hart. Der Immobilienkreditmarkt ist noch härter. Weshalb es der Welt ja auch so schlecht geht gerade. Ich bin daran nicht unschuldig.

Aber es ist wichtig – dieses Gefühl, sich bloß nicht über den Tisch ziehen zu lassen. Man verbringt halbe Nächte in den einschlägigen Internetforen, um sich über Hausanschlusskosten oder die günstigsten Spengler im Großraum München zu unterhalten. (Es gibt keine günstigen, schon gar keine günstigsten Spengler im Großraum München.) Immer wieder googelt man »Baukosten«. Einmal lasse ich das Feld mit der Angabe zu den geplanten Quadratmetern Wohnraum versehentlich leer. Das automatische Computerprogramm lässt mich wissen: »Sie haben 0 qm angegeben. In diesem Fall beträgt der Preis 0 Euro. Sie haben dafür 0 qm Wohnraum.« In dieser Deutlichkeit habe ich den Immobilienmarkt zuvor nie verstanden.

Männer vergleichen sich gern. Anzahl der PS, Anzahl der Kinder, Anzahl der Affären, Anzahl der noch verbliebenen Haupthaare, die geeignet sind, von rechts nach links gekämmt zu werden. Und Männer, die Häuser bauen, vergleichen sich auch gern. Es ist selten, dass jemand ein Haus kauft und bar bezahlt. Der Rest erhält seine Distinktion durch den effektiven Jahreszins. Dann steht man gemeinsam am Tresen, und jemand sagt mit breiter Brust: »4,75, nominal 4,65, auf 15 Jahre«. Man weiß dann, was gemeint ist.

Der mit der breiten Brust bin ich. Als der Vertrag geschlossen wird, im März, ist dieser Zinssatz geeignet, andere Hausbauer in die Schranken zu weisen. Dann kommt die Weltkrise, die Zinsen sinken. Würde ich noch einmal einen Baufinanzierungsvertrag schließen, könnte ich ein paar zehntausend Euro sparen. Hausbauen ist Vertrauenssache? Es ist russisches Roulette. Auf hoher See, vor Gericht und im Angesicht fallender oder steigender Zinsen kann man nur noch auf Gott vertrauen.

Wir zahlen Monat für Monat das Darlehen ab. Mit je einem dicken Batzen Geld. Ich werde das bis zum Jahr 2023 tun. Dann werde ich nur noch 316.313,99 Euro Schulden haben. Und keine Ahnung, wie ich dieses Geld aufbringen soll. Wir haben uns im Angesicht des Notars für den Rest des irdischen Daseins bis Oberkante Kreditlimit verschuldet, aber das macht nichts. Die Politik verspricht allen systemisch wichtigen Akteuren Unterstützung und billiges Geld. Im System meiner Familie bin ich relevant. Außerdem macht der Staat jetzt in den nächsten vier Jahren dreihundert Milliarden Euro neue Schulden. Wenn das mal reicht. Meine Privatschulden liegen deutlich darunter. Wobei ich denke, dass ich kreditwürdiger bin als die BRD. Aber all das beruhigt mich trotzdem nicht.

Denn Bauen, sagen alle, die schon mal gebaut haben, wird immer teurer als gedacht. Das ist angeblich seit den Pyramiden so. Auch Schloss Neuschwanstein wurde von dem betroffen, was man heute »Kostenexplosion« nennt. Davon ist in der Zeitung immer wieder mal die Rede. Es ist, als wäre alle Tage Neujahr: Die Kosten steigen überall wie schillernde Raketen zum Himmel, um dort oben mit großem Getöse zu explodieren. Runter fällt dann nur noch ein mit angesenkter Pappe verkleidetes Holzstäbchen, um in einer Schneepfütze zu verglühen.

Ein Beispiel: »Die ursprünglich veranschlagten Baukosten«, lese ich über die Fertigstellung einer Bundesstraße, »vervierfachen sich durch notwendig gewordene Planungskorrekturen.« Man bekommt eine gewisse Sensibilität für solche Nachrichten. Ich lese inzwischen auch den Teil der Zeitung, der mich bis zum Hauskauf noch nie interessiert hat: den Wirtschaftsteil. Allein schon die Überschriften sind großartig: »Traktorengeschäft zieht an«, »Nähmaschinenhersteller im Zick-zack-Kurs«, »Ölbranche zündelt«.

Planungskorrekturen sind die Freunde des Wirtschaftsteils und die Feinde der baukostenempfindsamen Leser. Die Baugeschichte der Welt ist voller abstruser Baukostenskandale: »Mit inzwischen 280 Millionen

Pfund (452 Millionen Euro) haben sich die geschätzten Kosten des ambitionierten Projekts« – es geht um das neue Parlament in Edinburgh – »im Vergleich zum ursprünglichen Ansatz bereits versiebenfacht.« Unfassbar. Und das bei den geizigen Schotten. Oder die Sanierung des sogenannten Unteren Turms im unterfränkischen Haßfurt: »Statt der veranschlagten 208 000 Euro kostete das Bauwerk am Ende rund 570 000 Euro.« Armes Haßfurt! Das Wembleystadion in London? »Die Baukosten explodierten von 500 Millionen auf fast 1,2 Milliarden Euro.« Der bayerische Transrapid? Den gibt es gar nicht. Umso staunenswerter ist es, dass auch dessen Kosten explodieren konnten: »Die an dem Projekt beteiligten Unternehmen hatten kurzfristig ihre Kostenschätzung auf 3,4 Milliarden Euro erhöht, nachdem sie noch ein halbes Jahr zuvor zugesagt hätten, mit 1,85 Milliarden zurechtzukommen.« Bauherren, das zeigt die Geschichte, sind am Schluss immer Leute, die sich getäuscht haben.

Obwohl also immerzu Baukosten explodieren, sehnen sich alle Menschen derzeit ganz irrational nach Immobilien. Das ist die »Flucht in die Sachwerte«. Man träumt von Häusern und Immobilien als letztem sicheren Hort. Man weiß ja nie so genau, wie das nun wird mit den Fantastilliarden Schulden in der Welt und mit der drohenden Inflation.

Zuhause haben wir ein Buch über die Zeit in Deutschland vor dem Krieg, als die Inflation zu grotesken Folgen führte. Ich lese Pia daraus vor, seit wir

Grundbesitzer sind, bilden wir uns volkswirtschaftlich weiter.

Pia hört sich deshalb auch die Erinnerungen einer sehr alten Frau an, die die Große Inflation noch mitbekommen hat: »Wir saßen auf der Treppe und plötzlich rief meine Mutter: Kinder, einkaufen! Kaum hatte sie Geld bekommen, musste man es sofort in Waren beziehungsweise Lebensmittel investieren, es verlor stündlich oder noch schneller an Wert. Wir bekamen einen Zettel und das Portemonnaie und gingen mit dem Dienstmädchen zum Kaufmann, Milchladen, Fleischer, Bäcker. Manchmal wurde es, während man in der Schlange anstand, schon teurer, dann musste einer nach Hause rennen und mehr Milliarden holen.«

Pia sagt: »Siehst du, Sachwerte. Ein Haus.«

Ich sage: »Aber damit hat doch alles angefangen. Mit den Häusern!«

Sie sagt: »In Amerika. Hier sind die Banken viel strenger. Wir brauchen hier viel mehr Eigenkapital. Und eine Immobilie in München ist praktisch eine Lebensversicherung mit garantierter Rendite.«

Das muss sie irgendwo gelesen haben. Und es zielt auf einen kleinen Tick, den ich mir zugelegt habe in den letzten Monaten. Ich reise gelegentlich. Berufsbedingt, nichts Tolles: Aber in Deutschland komme ich rum. Und wann immer ich vor einem Sparkassenschaufenster in irgendeiner deutschen Provinzstadt stehe, studiere ich die Immobilienangebote. Dann rufe ich Pia an.

»Hier, das glaubst du nicht, ich bin gerade in Hoyerswerda bei der Sparkasse. Immobilienangebote. Ich lese vor: ›Stadtnahe Villa mit zehn Zimmern. Parkähnliches Grundstück. 240 000 Euro.‹ Hörst du? 240 000 Euro. Dafür haben wir in München ein dreiviertel Problemgrundstück bekommen. Wir haben einen Riesenfehler gemacht.«

»Nein«, antwortet Pia geduldig ins Telefon, »München ist eben teurer, Hoyerswerda ist billiger. Aber du arbeitest nicht in Hoyerswerda. Ich auch nicht. Und die Kinder gehen nicht in Hoyerswerda zur Schule. Deshalb haben wir in München ein Grundstück gekauft.«

Auch vom Immobilienteil kann ich nicht mehr lassen. Ich lese ihn jetzt, da ich kein Grundstück mehr suche, sogar noch aufmerksamer als vorher, als ich noch mit Pia zusammen ein Grundstück gesucht habe. Es ist wie verhext, ich bin immobilienteilsüchtig, es könnte ja sein, dass ich noch ein Angebot finde, dass viel günstiger ist als das, das wir nun angenommen haben. Dann könnte ich mich noch viele Jahre lang darüber ärgern. Diese Chance möchte ich offenbar auf keinen Fall verpassen.

Pia hat deshalb damit angefangen, die Immobilienteile gleich ins Altpapier zu werfen. Aber ich hole sie immer wieder aus der Tonne raus. Pia macht sich Gedanken, ob meine Unterschrift beim Notar rechtsgültig gewesen ist. Man muss schließlich bei klarem Verstand sein, um ein Grundstück kaufen zu können.

Es sind schon interessante Zeiten, um eine Haus zu

bauen. Es gibt die Schuldenuhr: 4439 Euro beträgt der deutsche Schuldenzuwachs pro Sekunde. Pro Sekunde! Also etwa so: Beim nächsten Ton ist es 4439 Euro, piep, beim nächsten Ton ist es 8878 Euro, piep, beim nächsten Ton ist es 13 317 Euro, piep, beim nächsten Ton ist es 17 756 Euro... Exakt so fühlt man sich, sobald man einen Kreditvertrag unterschrieben hat. Wir haben unterschrieben. Piep.

Was jetzt noch fehlt, ist eine Kleinigkeit. Sagt Bauernfeind. Sagt Dr. Kreuzpaintner. Sagt die verlassene Daniela Bär. Sagt Pia. Die Kleinigkeit ist: die Baugenehmigung. Zuständig dafür ist die Lokalbaukommission. Ein Amt in der Stadt. Am Tag nach dem Notartermin gehe ich hin und gerate dort in ein Bauherren-Fegefeuer, gegen das Kafkas Beschreibung wahnsinniger Ämter geradezu barmherzig erscheint.

Bauernfeind hat mir ja gesagt, dass das Haus maximal fünfeinhalb Meter breit und maximal sechzehn Meter lang sein darf. Ich habe längst nachgerechnet, ob das für meine Familie und drei Kinderzimmer reicht. Ergebnis: gerade noch. Ungefähr so wie mein Bodymassindex. Es ist verdammt knapp kalkuliert, wobei Max die Angewohnheit hat, nachts im Traum wild um sich zu schlagen, weshalb er noch etwas mehr Platz braucht als amtlicherweise einem Dreijährigen zugestanden wird. Max ist einfach der Berserker der Familie. Er braucht viel Platz, und der Rest der Familie braucht manchmal einen gewissen Sicherheitsabstand zu ihm. Wir brauchen deshalb mindestens fünfeinhalb Meter in der Breite und 16 Meter in der Länge. Das sage ich auch der Lokalbaukommission.

Die Lokalbaukommission verfügt aus guten Gründen wie der CIA oder die NVA oder der KGB über eine gefährlich klingende Abkürzung: LBK. Eine energische, fast soldatisch wirkende junge Frau sagt zu mir: »Ach, *Sie* wollen das Grundstück in Obermenzing kaufen?« Ich bin irritiert. Woher kennt sie das Grundstück? Und das »Sie« klingt sehr nach: Da schau her, ein Irrer.

»Ja. Wieso?«

»Weil schon zwei Interessenten vor Ihnen mit ihren Eingabeplänen gescheitert sind. Die wollten viel zu breit bauen. Das Grundstück ist eigentlich unverkäuflich. Dort kann man nicht bauen.«

»Wir haben aber das Grundstück gekauft in der sicheren Annahme, dass wir fünfeinhalb Meter breit bauen dürfen. Das hat auch der Makler gesagt. Hören Sie: Ich habe drei Kinder, ich brauche diese fünfeinhalb Meter. Bitte!«

In meinem Ohr habe ich jetzt dieses Piepen, dieses Zinsundzinseszinspiepen. Ich glaube, ich falle gleich in Ohnmacht. Ich habe uns ruiniert.

Nach dem »eigentlich« der LBK-Offizierin greife ich wie nach einem Rettungsring. »Was heißt eigentlich?« Ich will jetzt laut werden. Dann will ich Bauernfeind töten. Dann die LBK zertrümmern, dann mich entleiben. In dieser Reihenfolge. »Was heißt eigentlich? Wie breit?«

»Da muss ich nachsehen. Warten Sie hier.«

Sie verschwindet im Kafkaschlund des LBK-Schlosses. Ich warte. Mir zittern die Knie. Gleich wird sie zurückkommen, um mir zu sagen, dass ich auf dem Schnäppchengrundstück nur einen Hasenzuchtverein gründen, aber kein Einfamilienhaus bauen darf. Meine Kinder werden im Stall wohnen.

Die LBK-Agentin kommt zurück. Sie sagt: »Exakt 4 Meter und 78 Zentimeter. Wegen des Mindestabstandes dürfen Sie dort nicht breiter bauen. Ist Gesetz.« Und ihr mitfühlender Blick sagt, nicht fürs LBK-Protokoll gemeint: »Du armer Wicht.«

Ich rufe Bauernfeind an. Bauernfeind fragt, ob ich denn die LBK so ganz ernst nehmen will. Ich sage: »Ja, ich will.« Tja, sagt Bauernfeind, da sei mal was gewesen, irgendetwas mit abgelehnten Bauanträgen. Schon lange her. »Also. Genau weiß ich das nicht mehr.« Bauernfeinds Lodenschnurrbart hebt sich beteuernd. Das sehe ich förmlich durchs Telefon. Er sagt: »Rufen Sie die Ottendichl oder noch mal die LBK an. Oder beide.« Ich rufe die Ottendichl an.

Die Ottendichl sagt: »Keine Ahnung, das muss Bauernfeind wissen. Rufen Sie den an.«

Ich rufe den Notar an. Der Notar sagt, dass der Vertrag gültig ist. Ich rufe die Bank an. Die Bank sagt, dass der Vertrag gültig ist. Dann flehe ich die LBK an. Ich sage, dass niemand auf einem Grundriss leben kann, der nur 4,78 Meter breit sei, jedenfalls keine Familie mit zwei normalen Kindern und einem beängstigend raumgreifenden Jungen. Max ist die Abkürzung von »maximal«, wir hätten unseren jüngsten Sohn Min nennen sollen. Die LBK sagt, sie kann nichts versprechen, man würde sehen, das müsse man prüfen.

Diese Prüfung gerät zu der härtesten meines Lebens. Nach vier Wochen, es ist schon Mai, habe ich endlich einen Termin bei der LBK. Mein Schicksal sagt mit strahlendem Lächeln: »Wir können Ihnen helfen. Statt 4,78 kann das Haus 4,80 Meter breit werden. Wir haben einen kleinen Fehler im Bebauungsplan entdeckt. Also: Zwei Zentimeter mehr, wie klingt das?«

»Gut. Sehr gut.« Ich schleiche aus dem Amt auf die Straße.

Pia sagt später: »Besser als nichts.« Typisch Pia. Einfach nicht unterzukriegen.

Soll ich einen Campingplatz für Ein-Mann-Zelte aus meinem Grundstück machen? Einen Golfabschlagplatz? Einen Schießstand?

Zum Vergleich suche ich nach 4,80-Breiten. So verbringe ich einen Tag am Computer. Dann werde ich fündig. Mein zukünftiges Haus wird exakt zwei Millimeter breiter sein als ein Porsche Cayenne lang ist.

Auf diese zwei Millimeter lege ich wert. Die LBK auch.

Wir fangen an, Pläne zu zeichnen. Lauter Grundrisse, die so aussehen, als wollte sich Gulliver in einem Reihenendhaus der Schlümpfe einrichten. Es ist ein elendes Geschiebe, Gedrücke und Gequetsche. Unser Haus wird, wenn wir so weitermachen, am Ende aussehen wie ein schlecht gepackter Koffer. Vermutlich wird das Haus eines Tages platzen und zerknautschte Hemden und verbeulte Unterhosen in die Freiheit entlassen. Wir wissen keinen Ausweg. Dann sagt Pia: »Wir brauchen einen Architekten.« Ich nicke nur. Schlimmer kann es nun ja nicht mehr kommen. Von wegen.

9. Kapitel, in welchem Holzfällerhemden eine Rolle spielen, dazu Sanitärstraßen und Malergassen in der utopischen Baumarktwelt. Außerdem zeigt sich, was eine Zaunnachbarschaft im Innersten zusammenhält: Es ist die Motorsäge.

Sommer, es beginnt die Zeit der Arbeitsteilung. Pia macht sich auf die Suche nach einem sensiblen Architekten, der unser Platzproblem löst, und ich mache mich auf die Suche nach einer durchgreifenden Kettensäge. Unser Grundstück ist herrlich eingewachsen und wird vor allem von wild wuchernden Haselnuss-Sträuchern mit armdicken Stämmen sowie von ein paar hässlichen Kiefern gesäumt. Wer hier bauen will, wie schmal auch immer, das ist klar, der muss wenigstens ein freies Baufeld haben.

Allerdings ist es so: Der Bauunternehmer, der uns vermutlich nach den Entwürfen eines Architekten das Haus bauen soll, wird vermutlich einen Batzen Geld nur für die »Entfernung des Baum- und Strauchbewuchses, einschl. Wurzelstock-Ausgrabung und Komplettentsorgung« berechnen. Das weiß ich von Freunden. Es ist auch einschlägigen Internetforen zu entnehmen, die dazu raten: »Selbst ist der Mann.«

Dabei haben wir unser Grundstück aus zwei Gründen gekauft. Erstens natürlich, weil es eingeklemmt zwischen zwei anderen bebauten Grundstücken so schmal und billig ist. Zweitens aber auch deshalb, weil es so hübsch eingewachsen ist, so wild romantisch und verwahrlost. Total grün. Und dann sagen alle: Bäume weg. Sträucher weg. Wurzeln weg. Der Bagger kommt sonst nicht durch, man kann den Kellerschacht nicht ausheben... was weiß denn ich. Jedenfalls: Es wird kosten.

Pia sagt deshalb: »Kannst du das nicht selbst machen?«

Kann ich das?

Eines Abends beim Spätdienst in der Redaktion lese ich eine Meldung, die frisch reinkommt: »In Minden hat sich ein 43 Jahre alter Arbeiter beim Baumfällen schwer verletzt. Die Polizei teilte mit, dass sich der Mann beim Versuch, das Schwert der Kettensäge, welches sich im Stamm verkeilt hatte, herauszuziehen (die Säge lief noch), starke Verletzungen zugezogen habe.« Er ist beinahe verblutet. Das ist grauenhaft. Aber noch furchtbarer, ja geradezu abgründig finde ich den Satz in der Klammer: »Die Säge lief noch.« Ich stelle mir den Satz auf einem Grabstein vor.

Ich werde neugierig und fange an, Gartenunfälle zu recherchieren. Wie sich schnell zeigt, ist die Welt voll davon. Bäume sind gefährlich. In Kleve ist ein 59-Jähriger sogar von jenem Baum erschlagen worden, den er abgesägt hatte. »Der Mann war sofort tot«, heißt es in der örtlichen Presse. Der Hinweis, dass »der Verstorbene wenig später mit Hilfe der Feuerwehr geborgen werden konnte« spendet nur wenig Trost. Ich denke an die laufende Säge und die Feuerwehr und überlege, ob die Eigenleistung beim Hausbau nicht ganz allgemein überschätzt wird.

Pia ist in der Küche. Ich erzähle ihr von den Gefahren der Kettensäge. Sie fragt: »Soll ich es machen? Gut, dann passt du auf die Kinder auf. Vergiss nicht: Max muss heute zum Kindergeburtstag.« Einerseits will ich vor meiner Frau nicht als Weichei dastehen, andererseits finde ich die Unbill des Kindergeburtstags auch nicht ohne. »Ich fahr ja schon.« An dieser Stelle wünsche ich mir, in ihren Augen so etwas wie Stolz zu entdecken. Stolz auf ihren Mann, der sich heute der Opferstatistik im privaten Gartenbereich in den Weg stellen will. Aber sie guckt so, als ob ich ihr viertes Kind wäre. Als ob sie nicht ganz sicher sei, ob ein Fliesenleger oder Gartenabfallhäcksler am Ende nicht eine Alternative zu mir hätte sein können. Ich bin nur Journalist. Und auch wenn Gartenarbeit reinste Kulturarbeit ist, so hat das mit meinem Job doch relativ wenig zu tun.

Eine Freundin erzählt mir, sie habe gehört, dass der gemeinsame Hausbau in der Rangliste beliebter Scheidungsgründe sehr weit vorne liege. Das ist glaubwürdig.

»Kannst du jetzt, bitte, endlich rausfahren und das Roden übernehmen?« Das »bitte« hört sich kursiv an, das »endlich« nach Versalien mit Ausrufezeichen. Pia ergänzt: »Vielleicht brauchst du gar keine Kettensäge. Nimm doch die Axt oder ein großes Beil.« Ist sie nicht wunderbar? Sie will das Haus. Ich will sie. Die Kettensäge will mich. So ist es, das sogenannte Leben.

»Andere«, sagt sie »betonieren sogar selbst.«

Oha, denke ich. Und antworte: »Hmm.«

»Oder zimmern.«

Oho. »Hmm.«

»Und fliesen und kacheln, sägen und installieren – und sparen.«

Die Botschaft ist eindeutig. Sie besagt: Geh hin, sei ein Mann und rode das Grundstück! Drei Dinge, heißt es, stehen einem Mann, der sich ein Denkmal zu Lebzeiten setzen möchte, als Maßnahmen zur Verfügung: Man kann erstens einen Baum pflanzen (respektive ein Haus bauen), zweitens ein Buch schreiben und drittens einen Sohn zeugen. Mal heißt es, das stamme von Horaz, dann wieder von Nietzsche, mal von Konfuzius oder von Luther. Ich würde Pia gerne sagen, dass Kettensägen in allen Quellen keine große Rolle spielen.

Jedenfalls habe ich das Gefühl, ich werde insgeheim von einer höheren Macht abgehakt. Sohn: erledigt. Buch, ach Gott. Bleiben Baum und Haus. Und wenn man endlich alles beieinander hat? Dann kauft man sich noch einen Hund und bringt sich um. Oder, was theoretisch wohl besser wäre: Man wird wahnsinnig glücklich. Ich bin kein Nihilist und will lieber wahnsinnig glücklich werden. Ich weiß nur nicht, ob das geht mit drei Kindern, einer Frau, einem Garten, einem Haus, einem Vorort, einem Immobilienkredit, einem LBK-Vorbescheid in Form einer Autolänge und der Aussicht auf die Kettensäge. Ich verschiebe den Kettensägentag, Pia sagt »wie bei der Diagnoseklinik«.

Dann ist es doch soweit, ein Samstag im Juni. Ich fahre zu einer Firma in der Nähe von Ismaning. Mitten rein in die Welt der Vorstädte, Rasensprengmeister und Saatgutspezialisten. Die Firma heißt »Garten Eder« und wird von einem Herrn Eder geführt, der sehr stolz ist auf seinen kleinen Scherz mit dem Garten Eden, dem Paradies, in dem es auch Abbruchhämmer, Erdfräsen und Gartenhäcksler gibt. Kettensägen ebenfalls. Ich stehe etwas verloren irgendwo dazwischen. Deshalb betrachte ich eingehend das Ladenschild. Darauf steht: »Maschinen vermieten kann jeder, wir aber lösen Probleme.« Für einen Augenblick bin ich versucht, den Leuten von Schlaflosigkeit und Ehestreitigkeiten zu erzählen. Aber der Augenblick zieht vorbei.

Im Laden ist es schummrig. Es riecht nach Öl, Metall und Holz. Ein Mann, der aussieht, als würden ihn seine kanadischen Freunde Timber nennen, stemmt eine signalrote Kettensäge ins Regal. Er trägt eines dieser Karohemden, die irgendwie an Wagenräder und den Wilden Westen erinnern. Außerdem ist er mit einer signalroten Arbeitshose bekleidet. Die klobigen Arbeitsschuhe haben verstärkte Kappen. Von seinem Kopf baumelt ein langer, grauer Zopf, gehalten von einem signalroten Gummi. Auf der anderen Seite des Paradieses beugt sich ein Mann in Leder-Kombi über einen verschrammten Holztresen. Wir sind hier im Norden Münchens. Aber dennoch wirkt der ganze Laden so, als befände er sich am Clondyke-Pass. Ich bekomme spontan Lust, mir einen Sack Kaffee, Bohnen, Munition, ein paar Bärenfallen und Schneeschuhe zu kaufen. Draußen verspricht die Sonne mittlerweile einen fantastischen Sommertag. Aber man kann nie wissen. Und wenn man doch in einen Schneesturm gerät? Dann könnten Schneeschuhe und Bohnen relevant werden.

Ich schaue mich um im Laden. Beide, der Zopf wie der Lederne, beachten mich nicht. Wortkarge Naturburschen, Problemlöser, vermutlich sehr hart, aber das Herz am rechten Fleck.

Es gibt Menschen, die betreten ein Restaurant oder einen Laden – und sofort ziehen sie alle Aufmerksamkeit auf sich. Das sind die Leute, die im Western durch die Schwingtür eines Saloons stiefeln, woraufhin der Pianist aufhört zu spielen.

Und es gibt Leute wie mich.

In Richtung Zopf sage ich: »Ja, hallo, wegen der Kettensäge, ich habe gestern angerufen...«

Der Zopf sagt: »Brumm.«

Deshalb sage ich etwas holzfällerhafter: »Kettensäge. Heute. Ausleihen.«

Der Zopf sagt: »Brumm.«

Dann schweige ich – und das gefällt dem Zopf. Schweigen ist genau sein Ding. Der Wald steht schwarz und schweiget: So einer ist das. Der Zopf dreht sich also zu mir um. Begeistert von der Aufmerksamkeit, die mir nun so unverhofft zuteil wird, mache ich prompt einen Fehler. Beziehungsweise einen Garten-Eder-Witz. Ich frage: »Haben Sie Äpfel? Und auch eine Schlange?«

Adam, Eva, Vertreibung aus dem Paradies. Kennt man doch.

»?«

»Na, Garten Eden. Paradies.«

»?«

»Ich meine: Eder, Eden, haha.«

Der Zopf greift sich eine Kettensäge und wuchtet sie auf den Tresen. Er sieht aus, als hasse er Leute, die Garten-Eder-Scherze machen. Fast so wie Eder selbst. Der Zopf sieht gefährlich aus.

»Schon mal damit gearbeitet?«

Meine Laune wird auf einen Schlag dermaßen finster, dass ich jetzt gerne aus der Haut fahren würde. Ich würde gerne antworten:

»Natürlich nicht, Sie Waldschrat, ich nehme weder am Baumsäge-Contest noch am Traktorziehen teil, auch das Masskrugschieben, Zwergenwerfen oder Fingerhakeln überlasse ich liebend gerne Leuten mit lustigen Firmennamen und einer Vorliebe für Signalrot, ich lebe ja auch nicht in einem Blockhaus in Alaska, sondern, vorläufig noch, mitten in München, also erklären Sie mir jetzt bitte einfach haarklein die perfekt abgestimmte Rutschkupplung Ihrer Säge, dazu die ergonomisch angeordneten Handgriffe mit strapazierfähigen Polymereinlagen, die eine sichere Führung bei senkrechten und waagerechten Schnitten geben, obwohl ich das schon aus den Kettensägen-Foren im Internet weiß, in denen sich offenbar Wahnsinnige tummeln, die über die richtige Kettensäge-Marke Debatten führen, als ginge es um die politische Weltordnung, aber bitte, tun Sie sich nur keinen Zwang an, geben Sie mir einfach irgendeine Motorsäge, Husqvarna meinethalben, und dann geben Sie mir eine gut lesbare Bedienungsanleitung mit, die auch von einem einfachen Redakteur, der sich nicht auf Gartengeräte spezialisiert hat, verstanden werden kann, dazu eine Schutzweste, eine Schutzbrille, einen Schutzhelm und ein Schutzschild – und am besten kommen Sie vielleicht gleich selbst mit, denn ich habe nicht die geringste Ahnung, wie ich mein Grundstück leersägen soll, so, wie sich das meine Frau wünscht, übrigens will ich das auch gar nicht, und ich will auch kein Haus und keinen Garten! Garten Eden, dass ich nicht lache.«

Ich sage nichts von all dem, ich sage »klar«.

Dann nehme ich die Säge in Empfang. Der Zopf überreicht sie mir so feierlich, als wolle er mir das Schwert Excalibur anvertrauen. Das ist das Schwert aus der Artus-Sage, das seinem Träger übermenschliche Kräfte verleiht. Die Schwertscheide machte jeden, der sie bei sich trug, unverletzbar. Ich begutachte meine Sägescheide. Sie ist aus signalrotem Plastik. Excalibur heißt jetzt Stihl.

Dann fahre ich raus zum Grundstück, das auf Rodung wartet. Raus nach Obermenzing. Raus: Mein Leben bekommt allmählich so ein Und-raus-bist-du-Grundrauschen. Wenn ich rausfahre, Richtung Westen und dann immer geradeaus, komme ich an ungefähr zwei

Dutzend Autohäusern und drei Dutzend Baumärkten vorbei. Dazwischen verkaufen Tankstellen Grillkohle für Leute, die gerne raus wollen. Ich parke vor dem Baumarkt.

Dabei ist das ein interessantes Reich, diese Baumarktwelt. Vielleicht sind Baumärkte, mache ich mir Mut, die letzten selbstbestimmten Orte in einem Universum der Entfremdung. Vielleicht ist der Baumarkt eine Utopie, ein Versprechen auf eine bessere Welt, die nicht mehr aus Rückengymnastik im Büro, sondern aus einem sinnerfüllten Leben zwischen Abbeizhauben und Zaunpfostenkappen besteht.

Im Fernsehen gab's mal eine sogenannte Reality-Doku-Soap namens »Schwarzwaldhaus«. Darin ging es um ein Bauernhaus, das man mit viel Mühe in den technischen Stand von 1902 versetzt hatte. Eine Familie mit drei Kindern lebte darin zehn Wochen lang. Also ohne fließendes Wasser, ohne Strom und ohne Heizung. Alles, was die Familie zum Leben brauchte, musste selbst hergestellt werden. In der Werbung des Senders hieß es: »Die entbehrungsreiche Zeit mit ihrem ungewohnten Tagesablauf, dem schlichten Leben, verlangt der Familie sowohl physisch als auch psychisch einiges ab. Zahlreiche Schicksalsschläge wie eine verdorbene Ernte, kranke Kühe oder ein Leistenbruch bringen die Familie an die Grenzen des Möglichen.« Gesucht wurden nun weitere Familien. Der Zulauf war ungeheuer.

Es muss also viele Menschen geben, die dermaßen angeödet sind von ihren smart houses und den Kühlschränken darin, die sich selbst via Internet die Milch nachbestellen und die Joghurt-Verfallsdaten überwachen, dass sie sich nach verdorbenen Ernten und kranken Kühen geradezu verzehren. Sie wollen Brot backen. Sie wollen Holz hacken. Sie wollen einen Leistenbruch. Sie wollen morgens bei Sonnenaufgang aufstehen und ihre Grenzen kennenlernen.

Und ich glaube nun, dass sich all die Leute, die nicht untergekommen sind in der Reality-Doku-Soap, samstags im Baumarkt trösten. Der Baumarkt ist die kranke Kuh in einer entfremdeten Zeit, in der die Milch nur noch aus dem Kühlschrank und das Regal aus dem Abholmarkt kommt.

Tom Hanks hat in dem Film »Verschollen« einen modernen Robinson nach einem Flugzeugabsturz auf einer einsamen Insel gespielt, der vier Tage braucht, um sich aus Reisig und zwei Stöckchen, die er gegeneinander reibt, ein Feuer in der Größe eines Bic-Feuerzeugs zu machen. Als es endlich brennt, springt Robinson auf, klopft sich auf die verfettete Brust des Büroinsassen, hüpft um das Feuer herum und brüllt: »Das habe ich gemacht. Ich! Ho! Ho! Schaut her! Ich habe Feuer gemacht! Hoho! Ich! Feuer!« An jedem Samstagabend ereignet sich in den Wohnzimmern Deutschlands die gleiche Szene: Überglückliche Robinsons umhüpfen ihre selbstgebauten Fernsehschränke, den neu eingegipsten Doppelschalter mit Dimmfunktion oder das liebevoll angestrichene Gewürzregal. Ho! Ho! Schaut alle her! Selbstgemacht!

Im Grunde ist der Baumarkt eine Therapieform der modernen Gesellschaft. Man sollte die Rechnungen über Akkuschrauber und Isolierband bei der Krankenkasse einreichen.

Schon die Baumarkt-Topographie ist toll. Man rast die Malerstraße entlang und biegt dann rechts ab in die Schraubengasse, kreuzt den Elektroplatz, um sich beim Kaminrondell wieder in den Strom der Do-it-yourselfs zu mengen.

Am liebsten ist mir die Sanitärstraße. Früher gab es Nasszellen, heute gibt es Wellness-Oasen mit Aromatherapie und touch-free-Armaturen. Wo früher ein Wasserhahn ein sicherer Hinweis auf zivilisatorische Höchstleistungen war, befindet man sich heute ohne Infrarot-Annäherungselektronik-Aquaspender im Zustand der Barbarei.

Auf der Säge-Anhöhe inmitten der Maschinen-Straße lasse ich mir die Stihl-Motorsäge erklären, die ich schon im Kofferraum habe. Es ist mir vollkommen unmöglich, Leuten wie dem Zopf irgendetwas einzugestehen, und sei es meine Motorsägen-Inkompetenz. Im Baumarkt dagegen macht mir das nichts aus. Da schleichen noch ganz andere Problemhandwerker zwischen Kabelbindern und Leerrohren herum.

All das lasse ich jetzt hinter mir, biege noch mal zwischen Baumarkt und Autohändler links ab zu meinem ganz persönlichen Leistenbruch-Schwarzwaldhaus-Projekt, würge nervös den Motor unseres Minivans ab, betrete das Grundstück und werfe die Motorsäge an wie einen Außenborder. Ich will das jetzt endlich hinter mir haben. Und irgendwie hat mich die Baumarktatmosphäre inspiriert. Rrrrrrrrrriiieeä, rmmm, rmmm, rfffz, blab macht die Säge. Abgesoffen.

Ich habe mal gehört, dass man sich das Geräusch einer Kettensäge als Klingelton aufs Handy laden kann. Kann man das glauben? Ich lasse den Motor wieder an, schwitze jetzt schon und hoffe, dass mich niemand hört und niemand sieht.

Unser Grundstück liegt im Grunde ganz idyllisch in der Nähe eines Wäldchens. An einer so harmlosen Straße, die es nicht mal bis zur Bezeichnung »Straße«, sondern nur bis zum »Weg« gebracht hat, zum Blumenauer Weg. Julia, Anton und Max werden entlang einer Wiese und einiger Felder in die Schule gehen, was mein Herz erfreut und meinen Verstand zu Tode erschreckt. Ich komme vom Land und wollte immer nur in die Stadt, denn ich bin entlang einer Wiese und einiger Felder in die Schule gegangen. Ganz idyllisch in der Nähe eines Wäldchens, wenn ich mich recht erinnere. Und nun wiederholt sich das Ganze sozusagen in zweiter Generation. Als läge dazwischen nicht die heroische Flucht vom Land in die Stadt. Der Treck in die Zivilisation. Der Zug in die Zukunft.

Aber Pia wünscht sich ein bisschen mehr Stille. Ein bisschen weniger Getümmel und Trubel. Mein Lieblingsfilm: Stadtneurotiker. Zweitlieblingsfilm: Manhattan. Drittlieblingsfilm: Metropolis. Ihr Lieblingsfilm: Das Glück liegt in der Wiese. Und überhaupt alle

Filme, in denen Wäldchen, Wiesen und einige Felder die Hauptrolle spielen. Sie hat's mit dem Idyll und dem grünen Vorortland, ich bin allergisch gegen Gräser, Pollen und Waldameisen und eher an Häuserschluchten, Kinos und Bars interessiert. In Obermenzing, glaubt sie, kehrt endlich mal Ruhe ein in unser hektisches Großstadtleben voller Menschenmassen. Ich glaube, dass ich dort einsam an Heuschnupfen sterben werde. Was Pia übrigens noch nicht ahnt: Mit einer Kettensäge in der Hand, an einem Samstagmorgen in eben jenem Obermenzing – keine Szenerie der Welt könnte publikumsintensiver sein. Praktisch hinter jedem Fenster steht ein Nachbar und will wissen, wie das jetzt so läuft mit der Kettensäge. Ich stehe auf dem Grundstück wie auf der Bühne. Das Stück könnte von Thomas Bernhard sein und heißt »Holzfällen. Eine Erregung.«

Im Prinzip könnte das gut ankommen. Es ist Samstag, und wenn man am Rand der Stadt am Samstag nicht sein Auto wäscht, den Grill herrichtet, den Rasen mäht, Holz hackt oder mit dem Laubsauger einen Höllenlärm macht, wird man hier nicht für voll genommen. Trotzdem ist mir das allgemeine Interesse am Sägewerk peinlich. Ich vergehe fast vor Scham. In meiner Stadtwohnung könnte ich mit der Säge meine Frau zerteilen und niemand würde sich darüber groß mokieren. Nicht so hier, wo sich am Zaun schon die ersten Profinachbarn einfinden, um das Ganze kenntnisreich zu kommentieren. Vielleicht deshalb beschließe ich, jetzt, sofort, gleich mal den allergrößten Baum umzunieten. Ohne Probieren. Das ist ein Fehler.

Ich hebe die kreischende Motorsäge in Hüfthöhe an den Stamm eines großen Walnussbaumes, der leider absolut im Weg steht. Sofort fräst sie sich hinein, als hätte sie seit Wochen Hunger. Nun passieren vier Dinge praktisch zeitgleich. Erstens neigt sich der Stamm knarrend und knackend in meine Richtung. Das ist, wie mir sofort klar wird, die Richtung, in der außer mir auch das Nachbarhaus steht. Ich frage mich, wie stabil dessen Dach wohl ist, wenn's mal darauf ankommt. Es kommt jetzt darauf an. Zweitens rast ein Nachbarjunge auf seinem Wilde-Kerle-Fahrrad herbei und brüllt unter Tränen: »Mörder! Baummörder!« Drittens säuft die Säge wieder ab, was, viertens, dazu führt, dass nun auch das Sägeblatt unter einem wie besoffen schwankenden, fetten Baumstamm eingeklemmt ist und sich unter metallischem Ächzen verbiegt.

Zusammenfassung: Ich stehe im Holzfällerhemd mit signalroter Arbeitshose am Baum, werde von einem Siebenjährigen angebrüllt, während ein halbes Dutzend Nachbarn hinter den Fenstern dem Schauspiel folgt, bei dem ich mit der einen freien Hand versuche, den Baum daran zu hindern, auf das Nachbardach zu fallen, während ich mit der anderen Hand fluchend an der Säge rüttle, während ich sehe, wie sich die Säge, die dem Zopf gehört, immer weiter verbiegt, und ich denke: »Aber wenigstens läuft die Säge nicht mehr. Wie in Minden. Schwein gehabt.«

Es ist mein erster großer Auftritt in meiner neuen Lebenswelt, und ich nehme doch an: Das hat Eindruck gemacht.

Schließlich kommt der Vater des brüllenden Wilde-Kerle-Jungen herbei, stemmt sich ruhig gegen den schwankenden Baum, zieht die Säge raus und lässt den Walnussbaum elegant am Haus und an meinem Kopf vorbei niedersinken. Dann sagt er: »Schöne Säge.«

»Ja. Danke auch.«

Mike, mein neuer Nachbar für's Leben, heißt eigentlich Michael, aber er sieht dermaßen nach Clondyke aus, dass man automatisch Mike zu ihm sagt. Wahrscheinlich kennt er Timber, den Zopf. Mike also startet die Säge neu und macht sich an die Arbeit. Später, am Abend, ist das Grundstück voller Wurzeln, Strauchwerk und Baumstämme. Die Stämme kriegt Mike für den Kamin. Ich fahre nach Hause, also rein, in die Stadt, und sage zu meiner Frau: »fertig«. In jeder Hinsicht. Am merkwürdigsten aber ist: Ich bin stolz auf mich. Ich habe eigengeleistet und auf meinem Grund und Boden getan, was ein Mann tun muss. Am liebsten trüge ich ein T-Shirt mit der Aufschrift »I did it.« Ja! Ich! Hoho! Ich habe im Garten gearbeitet.

Wer das schafft, der meistert auch die 4-Meter-80-Hürde. Todmüde schlafe ich ein an diesem Abend. Todmüde und lächelnd. Die Glücksforschung sagt, glücklich mache immer nur, was man selber macht. Am Ende bauen wir unser Haus noch selbst.

Ich träume von einem Hasenstall, der wie ein Porsche Cayenne aussieht. Am Steuer sitzt die LBK-Agentin. Auf der Rückbank sitzen meine Kinder, die schokoladenverschmierte Münder und lange, sehr lange und sehr schmale Ohren haben.

10. Kapitel, in welchem die Schönheit über das Leben siegt. Das nennt man Architektur.

Die Architektin, die sich schließlich bereit erklärt, unser Haus zu bauen, hat sich für unser erstes Treffen eine Hausaufgabe ausgedacht. Eine Familienhausaufgabe. Das finde ich sympathisch, auch wenn sich später herausstellen wird, dass Liu Sung-Grau Kinder eher als laufende Zentimeter und schwer kalkulierbare Absturzrisiken statt als echte Menschen betrachtet. Kinder sind ihr suspekt. Kinder wachsen, was sich nachteilig auf die Idealproportion von Räumen auswirken kann.

Frau Sung-Grau kommt aus Japan und lebt mit ihrem Mann in Berlin, den wir nie kennenlernen, der aber wohl Herr Grau sein muss. Dort betreiben sie ein erfolgreiches Büro am Hackeschen Markt. Weil sie die Münchner Oper umbauen sollen, haben sie aber auch eine Filiale vor Ort. Eigentlich übernehmen die Sung-Graus so kleine Bauaufgaben wie Privathäuser, die keine Villen sind, gar nicht. Es sind sehr angesagte Architekten. Liu Sung, bei der ich mir nie merken kann, ob sie nicht doch Sung Liu heißt, weshalb ich sie für mich und intern nur die Gräuliche nenne, kennt Pia über Freunde von Freunden von Freunden. Sie macht es Pia zuliebe. Außerdem ist die Gräuliche Spezialistin für kleine Wohnräume. Da könne man von Japan nur lernen, sagt sie. Unser Mini-Grundstück reizt sie. In Japan, doziert sie bei unserem ersten Treffen in Berlin, würde sie darauf vier Häuser planen. Ich weiß nicht, denke ich, ich war mal in Japan und bin dort mit etwa 1000 Japanern in einem U-Bahn-Abteil gestanden, in dem man auch bei einem Vollcrash nicht umfallen könnte. Man ist einfach Teil einer weichen Masse. Ich fand das nicht so toll. Aber ich sage nichts. Pia wird schon wissen, was sie tut. Das Gebiet der Ästhetik ist ihr Hoheitsgebiet.

Deshalb erledigen wir jetzt auch die Hausaufgabe, die uns die Gräuliche gestellt hat. Julia, Anton und Max sollen ein Modell basteln. Ein Modell, das zeigt, wie sie sich ihr zukünftiges Zuhause vorstellen. Julia geht einkaufen, um sich erst einmal um die perfekte Ausrüstung zu kümmern und sich mit dünnen Holzpappen aus dem Bastelbedarf einzudecken. Aus diversen Kreativkursen, die wir in ihre Talentförderung investiert haben, kennt sie den wichtigsten Grundsatz des Künstlertums, sofern man sich der eigenen Kreativität nicht ganz sicher ist: Habe immer genug Material, dann kommen die Ideen vielleicht auch dazu.

Aus der Pappe schneidert sie ein Haus, das für unser Grundstück merkwürdig flächig gerät. In Realität umgesetzt würde es vermutlich anderthalbtausend Quadratmeter umfassen und aus zwanzig Zimmern bestehen, wovon zehn Zimmer Julia-Zimmer wären. Selbst die Schilder für ihre Julia-Zimmertüren entwirft sie zur Sicherheit mit. Auf einem Türschild, das in den Farben von Hochsicherheitstrakten, also in Schwarz, Gelb und

Rot gestaltet ist, steht: »Eintritt strengstens Verboten! Regeln sind auf den anderen zwei Schildern.«

Auf Schild Nummer 2 steht: »1. Regel: Anklopfen wer rein möchte!« Auf Schild Nummer 3 steht: »2. Regel: Draußen bleiben wenn ich noch nichts gesagt habe.«

Später will die Gräuliche von Julia wissen: »Na, Kleine, was wünscht du dir denn am allermeisten in Bezug auf das neue Haus?« Julia macht ein ernstes kleines Gesicht und will wissen, was »inbezug« heißt. Ich springe ein und übersetzte: »Was du für ein Zimmer willst, Julia«. Sie antwortet: »Eines mit einem Schlüssel.«

Es ist nicht so, dass unsere Kinder kein gutes Verhältnis zueinander hätten. Das hoffe ich jedenfalls.

Anton ist sensibel und klug. Er bastelt gar nichts, sondern legt uns, Pia und mir, an diesem Abend je ein 50-Cent-Stück unter die Kopfkissen. Am nächsten Morgen erklärt er: »Damit ihr das Haus bezahlen könnt.« Mir hat er aus Legosteinen noch eine Figur konstruiert, die an den Friedensengel erinnert, den ich, wenn ich mich nur weit genug aus dem Fenster lehne, sehen kann. Anton sagt: »Weil du nicht aus München wegziehen willst. Zur Erinnerung.« Ich kämpfe mit den Tränen.

Pia auch. Dann umarmen wir uns. Bis Max mit dem Ergebnis seiner Hausaufgabe dazwischen rumpelt: ein an Cy Twombly erinnernder schwarzer Karton, der zartchaotische Spuren weißer Kreide aufweist.

Die Gräuliche verliebt sich in dieses Schwarz und sagt: »Sehr interessant. Ich sehe es schon vor mir.«

Ich wage nicht zu fragen, was sie sieht.

Interessant findet die Gräuliche auch, was Pia und ich zuwege gebracht haben.

Wir sollten beide unabhängig voneinander in Stichpunkten festhalten, wie wir uns und unser Haus sehen würden. Ich ging dazu in die Küche, machte mir ein Glas Blaufränkischen zurecht und dachte ein paar Stunden nach. Pia setzte sich an den Computer, legte einen Ordner an und schrieb hinein, was sie sich wünschte. Nach zwei Minuten war sie fertig.

Am nächsten Tag ist die Gräuliche auf ihrer Opernbaustelle in München. Wir treffen sie zum Mittagessen und zeigen ihr unsere Listen. Zuerst meine:

Mauern.

Hohe Mauern.

Stein.

Wenig Glas.

Türen!

Kein Wohnzimmer, nur große Küche.

Viel Stauraum. Keller?

Kein Stellraum.

Kein Nippes.

Auf keinen Fall Kamin!

Keine Terrasse!

Kein Grill.

Garten wartungsarm: Kiesel?

Bäume hoch – wegen Nachbarn.

Keine Kinderspielgeräte (Kinder schon zu groß).

Die Gräuliche macht ein ernstes Gesicht, sagt aber nichts und nimmt sich Pias Liste vor.

Pia hat geschrieben:

Offen.

Total großzügig, Freunde, Feiern, großer Esstisch.

Kamin, einen für drinnen und einen für draußen.

Terrasse (groß), viel Glas, Holz.

Warm.

Viel Stellraum für schöne Dinge.

Üppiger Garten mit Beeten, Bäumen, Sträuchern, Kinderspielgeräten, vor allem für die Kleinen.

Kein Wohnzimmer.

Die Gräuliche sagt: »Sie haben etwas gemeinsam: kein Wohnzimmer.« Sie neigt zur Ironie. Dann fragt sie ernst: »Und Sie sind wirklich entschlossen, ein Haus zu bauen?« Die Art, wie sie »ein Haus« betont, könnte einen auf die Idee bringen, sie würde lieber über zwei Häuser nachdenken.

Das Geheimnis unserer Liebe ist uns, Pia und mir, wohl selbst das größte Rätsel. Vielleicht funktioniert unsere Ehe deshalb im Großen und Ganzen ganz gut. Obwohl ich mir eine Höhle bauen möchte – und sie sich ein Baumhaus. Vielleicht sind Baumhöhlen die Paarkonzepte der Zukunft.

Die Gräuliche ist eine resolute Person. Eine nicht mehr ganz junge, aber attraktive Dame, die von sich selbst niemals als Architektin sprechen würde. »Ich bin«, sagt sie, während sie Pia und mir bei unserem ersten Zusammentreffen ein tadelloses Lächeln schenkt, »Raumkünstlerin«. Ich habe spontan Angst vor ihr. Angst vor ihrem perfekten Kostüm, das nicht so schlicht ist, dass es langweilig sein könnte – aber auch nicht so raffiniert, dass es überambitioniert wirkt. Es ist schlicht perfekt. Perfekte Menschen verunsichern mich. Das Imperfekte ist mir lieber. Unwillkürlich sehe ich an mir herab, um rasch zu überprüfen, ob ich angemessen genug gekleidet bin. »Geht so«, denke ich, immerhin habe ich die guten Schuhe an.

Die Raumkünstlerin führt uns selbst in ihr Büro am Hackeschen Markt. Wir sind extra zu diesem Termin nach Berlin gefahren. Pia fährt eigentlich immer gern nach Berlin. Ich selbst finde, dass kurz hinter Würzburg die Gefahren fremder Kulturen lauern – aber immerhin verdanke ich Pia der Stadt Berlin. Und ich bin neugierig auf das deutsch-japanische Architekturbüro.

Wie sich herausstellt, ist es so etwas wie ein Klassiker-Museum der Raumkunst. Man spürt gleich, dass alle Möbel hier mit Bedacht ausgewählt sind, nicht zu protzig, aber auch nicht zu unscheinbar. Wieder perfekt. Die Gräuliche bietet uns Plätze an und Wasser aus der Leitung. »Sparsam, was?«, flüstere ich Pia zu. Auf einem Sideboard (Eiche, geölt) steht eine Schale aus rostfreiem Stahl mit vier grünen und einem roten Apfel, die so aussehen, als seien sie in Vollmondnächten gepflückt worden. Makellos. Allein ihre Anordnung in der Schale dürfte das Werk einiger Arbeitsstunden sein. Mir ist nicht recht wohl in dieser Atmosphäre. Ich fühle mich unzulänglich.

Pia sitzt dagegen ganz entspannt da. Sie hat, schon von Berufs wegen, ein gutes Verhältnis zu Architekten.

Die Gräuliche sagt zu unserem Problem: »4 Meter 80? Natürlich kann man auch in dieser Breite ein wunderschönes Haus bauen. Sie müssen nur Ihr Leben ändern.«

Die Architektin hat auch gleich einen Bildband zur Hand. Perfekt eben. »Hier«, sagt sie und schlägt eine eingemerkte Seite auf. Das Buch heißt »Living in a Small Space«. Leben auf kleinem Raum: Genau mein Thema. Ein schmales Bändchen, wie passend. Das Haus, das sie uns zeigt, steht in Osaka und wurde von einem Architekten namens Tadao Ando entworfen. Später erzählt mir Pia, dass der früher ein Boxer gewesen sei. Einmal habe er im Zorn einen angestellten Lakaien mit einem gezielten Schlag k.o. geschlagen, während der Bauherr flüchten konnte.

Das Haus, das er in Osaka gebaut hat, steht in einer Lücke und ist zwei Meter und 90 Zentimeter breit. »Toll«, sagt Pia. Und flüstert mir zu: »Tadao Ando, ganz wichtiger Architekt. Das ist ein berühmtes Haus.« Es heißt »Kanamori House«.

Ob mein Haus auch Baugeschichte machen, ob es als das »Pia-House« bekannt wird? Schon sehe ich Tausende von sensationslüsternen Architektur-Touristen und wissbegierigen Studenten unser Häuschen im Grünen aufsuchen. Ich werde Unmengen von Filzpantoffeln bereithalten müssen, wie das in sehenswerten Schlössern gemacht wird. Vielleicht kann ich später von den Führungen leben – und für den Unterhalt dieses einmaligen Baudenkmals wird der Staat sorgen. Die Unesco-Plakette, die unser zukünftiges Heim als »Weltkulturerbe« ausweist, sehe ich förmlich vor mir an der noch nicht existenten Hauswand. Langsam begeistere ich mich für die Gräuliche. Dann sehe ich wieder die Schale mit den vier grünen und einem roten Apfel in ihrer perfekten Ästhetik. Da wird mir klar: Sie wird es schaffen, uns ein schmales Haus zu bauen, aber wir werden nichts zu lachen haben.

»Kein Mensch kann auf einer Breite von 4,78 Zentimeter plus zwei geschenkten LBK-Almosen-Zentimetern leben.« Sage ich. Und die Gräuliche erwidert: »Gegen Osaka betreiben Sie reinste Platzverschwendung. Das kriegen wir schon hin. Sie müssen nur brav mittun.« Ich habe das Gefühl, sie taxiert mich wie einen Apfel, von dem sie noch nicht so genau weiß, ob er grün oder rot ist. Und ob er überhaupt in die Schale passt.

Trotzdem: Ich brauche sie. Und Pia ist regelrecht begeistert von ihrem Tatendrang. Außerdem: Die LBK-Abteilung A hat uns am Tag zuvor wissen lassen, dass jeder Entwurf für unser Haus, der auch nur einen Millimeter über 4,80 Meter hinausgeht, mit der sofortigen Baurechtsverweigerung geahndet würde, weil es nun mal gegen die Mindestabstandsflächenverordnung verstoße. Und die Abteilung B der LBK hat mich in diesem Zusammenhang auch noch wissen lassen, dass ein Bauvorhaben, das extrem schmal sei, zum Beispiel 4,80 Meter, womöglich nicht genehmigungsfähig sei, weil ein derart extremistischer Baukörper nun mal gegen den Ensembleschutz verstoße. Ich brauche die Gräuliche für die Baugenehmigung.

Alles, was aus der Lokalbaukommission zu uns dringt, hört sich an wie der Satz: »Das Schnäppchen ist kein Schnäppchen.« Die Gräuliche verspricht Rettung. Zur Not akzeptiere ich auch Raumkunst. Schließlich will ich nicht in einem Flugzeug leben, auf dem Quetschplatz in der Mitte, Economy.

Das Superschmalgrundstück benötigt einen Könner, jemanden, der aus nichts ein Schloss machen kann, jemanden, der ein Grundstück, das wie ein Lineal geformt ist, mit einem breiten, voluminösen Atriumhaus bebauen wird, mit ausreichend Abstand zu den Nachbarn. Und möglichst billig. Machen Architekten nicht dauernd so was? Wir schütteln uns die Hände. Die Architektin hat einen irritierend festen, zupackenden Griff. »In einem Jahr, im nächsten Sommer«, sagt sie, »können Sie einziehen. Das verspreche ich Ihnen.«

Was? So schnell? Die Gräuliche begeistert mich.

An sich ist die Idee, mit einem Architekten ein Einfamilienhaus zu bauen, absurd. Eine lachhafte Eingebung. Kein Mensch baut mit einem Architekten ein Wohnhaus. Architekten bauen Philharmonien, Städte, Wohnanlagen, Museen, Büros und Designerstühle, vielleicht gerade noch Villen. Aber Häuser?

Dass niemand mit einem Architekten ein Einfamilienhaus baut, liegt unter anderem daran, dass man das nicht muss. Rein rechtlich. Der Architekt erhält als Honorar etwa zehn Prozent der Bausumme. Das ist für den Architekten, weil der unter Umständen ein bis zwei Jahre beschäftigt ist mit dem Projekt, ein vergleichsweise niedriger Betrag. Für den Bauherren, der 20-, 30- oder 40 000 Euro Architektenhonorar zahlen muss, ist das verdammt viel Geld.

Es gibt deshalb, weil es so exotisch ist, dass Architekten Häuser bauen, den Begriff »Architektenhaus«. Damit werben manche Makler. Sie sagen sozusagen: Das Haus ist ein Haus, das ein Architekt erbaut hat. Dafür muss man extra zahlen.

Das ist komisch, finde ich. Mein Frisör bietet mir doch auch nur eine Frisur an. Und keine Frisör-Frisur. Und beim Bäcker kaufe ich Semmeln, ohne auf die Idee zu kommen, »Bäckersemmeln« zu verlangen. Und bestellt man an der Theke etwa ein Bier mit den Worten »aber nur eines vom Bierbrauer«? Seltsam also: Haus, aber ausnahmsweise eines vom Architekten: Architektenhaus.

Einmal bin ich an einem Bauschild vorbeigefahren, auf dem die baldige Fertigstellung einer »Architekten-DHH« angepriesen wurde. Eine Architekten-Doppelhaushälfte. Vom wem, frage ich mich seither, mag die andere Hälfte stammen?

»Architekten, alles Schwachköpfe!« Sage nicht ich. Das hat Flaubert gesagt, damit aber das landläufige Ressentiment gegen Architekten geißeln wollen. Einer von ihnen, also von den Nichtschwachköpfen, auch ein Franzose namens Ledoux, traf über sich selbst und seine Kollegen im 18. Jahrhundert die Feststellung, Architekten seien »Titanen« und dann noch: »Ich bin der Herausforderer des Schöpfers.« Mir ist unbehaglich angesichts eines Berufsstandes, in dem sich manche Exemplare für Götter halten, die vom Publikum als Schwachköpfe bezeichnet werden. Ich meine: Das ist doch ein irgendwie unklares Bild mit Möglichkeiten nach unten und oben. Wobei ich zunächst der Meinung bin, unsere Gräuliche würde sich wohl eher oben einsortieren. An Selbstbewusstsein mangelt es ihr nicht.

In Amerika gibt es ein Hochhaus, in dem ein kleines Apartment 65 Millionen Euro kostet. Das ist viel Geld, aber dafür gibt es auch einen Innenarchitekten, der dem Bauherren am Ende das Weinregal zum Einzug vollstellt. Er ist ohnehin der Meinung, man müsse die Etiketten der Weinflaschen passend zum Sofa aussuchen.

Allerdings gibt es auch Architekten, die sich nicht für unsterblich halten, sondern die sich umbringen. Der Erbauer des Wiener Opernhauses brachte sich um – vor Scham. Als sein Bauwerk fertig war, sah er es sich an, fand, es sei ihm missraten – und zog die Konsequenz. Das ist ein Ehrbegriff in der Architektenschaft, den ich schon deshalb interessant finde, weil er nur so selten anzutreffen ist.

Einen Begriff von Ehre hatte allerdings auch der Konstrukteur, der die Golden Gate Bridge in San Francisco berechnet hat. Ein damals unfassbar spektakuläres Bauwerk: Die Brücke wurde von den zwei Seiten der San Francisco Bay aus erbaut. In der Mitte sollten sich die beiden Brückenhälften treffen. Ein paar Tage, bevor es soweit war, machte sich der Konstrukteur Gedanken. Er hatte plötzlich Angst, er könnte sich verrechnet haben. Deshalb stand er auf, suchte sich seine Hausschuhe, nahm sich vielleicht ein Glas Milch und setzte sich nochmals an seine wichtigsten Berechnungen.

Verdammt! Das kann nicht sein! Großer Gott! Er hatte sich verrechnet. Die beiden Hälften würden sich um einen ganzen Meter verfehlen. Die ganze Welt würde über ihn lachen. Am nächsten Tag war er tot. Er hatte sich über seinen Plänen und Berechnungen eine Kugel in den Kopf gejagt.

Dann wurde nochmals nachgerechnet. Der Ingenieur hatte sich tatsächlich verrechnet – aber erst beim zweiten Mal. Die Brückenhälften fanden wenige Tage später wie geplant zueinander, passten exakt – und die Welt sprach von einem der schönsten Bauwerke, die jemals errichtet wurden.

Die Tragik dieser Figur berührt mich. Wahrscheinlich deshalb, weil normale Architekten von Selbstzweifeln so tragisch weit entfernt sind. Im Gegenteil. Es gibt eigentlich nichts Selbstzufriedeneres als einen Architekten. Finde ich. Pia sieht das ganz anders. Sie sagt: »Du denkst in Klischees über Architekten. Aber die sind nicht so.« Ich denke in Klischees, meinethalben, aber ich bin nicht allein damit.

Vor ein paar Jahren gab es in den Kinos im Vorprogramm noch diesen großartigen Kinospot von McDonald's, in dem ein Architekt einem jungen Ehepaar das fertige Haus zeigt. Er ist schwarz gekleidet, trägt einen Rolli und hat einen Topfhaarschnitt, der nur eines signalisiert: »Vorsicht! Unangepasste Kreativität!«. Mit einer schnöselhaften Gestik und näselnder Stimme führt er das verunsichert wirkende Bauherrenpaar durch sein Werk. »Und hier«, sagt der Kreativtopf, »die Krönung: das Wohnzimmer.« Dabei reißt er die Tür auf, so dass die Kamera im Spot hineinfahren kann, um sich neugierig umzusehen. Das Ehepaar sieht: weiße Kacheln an der Decke, weiße Kacheln am Boden, weiße Kacheln an der Wänden, dazu Möbel aus weißen Kacheln.

Da endlich fasst sich die junge Frau ein Herz und fragt den Architekten: »Sagen Sie, ist das nicht, hm… ein bisschen, nun, ein bisschen… kühl?«

Der Architekt aber sagt: »Wenn Sie was Warmes wollen, dann gehen Sie doch zu McDonald's.« Ende. Ein schöner Werbefilm. Es gibt ja viele kluge Bücher über Architekten. Aber ich finde, dass dieser Spot sehr erhellend ist. Pia findet das nicht.

Am nächsten Tag frage ich die Gräuliche am Telefon, ob sie den McDonald's-Spot kennt. »Nein«, sagt sie, »Fastfood ist nichts für mich.« Dabei hört sie sich streng an. Ich versichere ihr, dass ich so etwas fast auch nie anrühre. Ich will keinen Streit mit ihr. Der amerikanische Architekt Richard Meier, der immer als Stararchitekt beschrieben wird, hat seiner Mutter mal einen schweren Aschenbecher aus Kristallglas an den Kopf geworfen. Er besuchte sie in dem Haus, das er ihr entworfen hat, sah den Aschenbecher, den er nicht entworfen hat, fand ihn hässlich, und im Zorn über so viel Ignoranz schleuderte er ihn nach seiner Mutter.

Ich sehe die stählerne Schale auf dem erlesenen Sideboard neben dem erlesenen Tisch der Gräulichen vor mir und weiß Bescheid. Meine Fastfood-Tage sind gezählt. Alles andere wäre ungesund.

11. Kapitel, in welchem nach dem Scheidungsgrund Nummer 1 der Statistik (Kinder) und nach dem Scheidungsgrund Nummer 2 (Hausbau) noch ein dritter guter Scheidungsgrund von sich hören lässt: das perfekte Heim.

In unserer Wohnung, die meistens so aussieht, als sei sie das möblierte Gegenmanifest zum allgemeinen Schöner-Wohnen-Dogma, gibt es eine kleine Kammer, in der die Therme steht.

Sie stammt aus der untergegangenen und von der Badezimmer-Evolution hinweggespülten Ära der primitiven Nasszellen, in der man zum Brausekopf »Brausekopf« sagte, statt zum Beispiel »Relexa« oder »Sinfonia«.

Die Kammer ist ein Relikt. Ich mag Relikte. Besenkammern, Wäschekammern und Kammerdiener gibt es kaum noch, weshalb Boris Becker Ende der neunziger Jahre in die Wäschekammer eines Londoner Hotels ausweichen musste, um etwas Nennenswertes für seine spätere, irgendwie an Goethe erinnernde Autobiographie »Augenblick, verweile doch...« zu erleben. Wobei das Nennenswerte Monate später auch wirklich beim Namen genannt wurde: Sie heißt Anna. Ein hübsches rothaariges Kind.

Unsere Kammer wäre völlig ungeeignet für den mondänen Kammer-Eskapismus. Außerdem mag Pia solche Geschichten nicht. »Becker«, sagt sie, »war schließlich verheiratet. So etwas tut man nicht. Arme Babs. Gut, dass sie ihn verlassen hat.«

»Ja«, stimme ich zu, »aber du musst zugeben, der Wäschekammer wohnt dennoch ein Zauber inne. Und er hat sie verlassen.«

Pias Antwort höre ich nicht mehr, weil der Satz untergeht im Donner der nahenden Tram. Erfahrungsgemäß würde ich auf »Blödsinn« tippen.

Das, was unser persönlicher Darkroom sein könnte, wenn Pia nicht so katholisch wäre, unsere Kammer, die nur ein angegliederter Funktionsraum einer profanen Nasszelle ist, steht am Ende unseres Flurs und besitzt keinen amourösen Mehrwert. Sie ist nur mit allerlei Lebensnotwendigkeiten vollgerümpelt. Mit Pias Taschensammlung, Julias Inline-Skates und Antons Fußbällen, mit dem Roller von Max und mit meinem großen Alukoffer. Es lebt dort auch ein Schachspiel, bei dem die schwarze Dame fehlt und eine blauviolette Vase, die uns mal ein Gast geschenkt hat, der daraufhin von der Stammgästeliste gestrichen und zur Bewährung auf die Ersatzgästeliste gesetzt wurde.

Die Kammer ist meine Wunderkammer. Die Staubmäuse darin sind so groß, dass man sie als Killerstaubmäuse an Hollywood vermieten könnte. Schon wenn man die Kammer betritt, knarrt einen das löchrige Parkett an, als habe ihm seit 100 Jahren niemand mehr was zu essen gegeben. Eine mickrige 40-Watt-Glühbirne gibt keine Helligkeit im eigentlichen Sinn, eher sieht es so aus, als ob diese Birne eine muffige Dunkelheit verströmt und das bisschen Licht, das durch die Türritzen einsickert, auch noch wegtrinkt.

Die Kammer ist eng, dunkel und staubig. Schön. Wenn man die Inline-Skates herausholt und dafür einen Regenschirm zurück aufs Regal schiebt, schiebt man auch einen von Antons Fußbällen vom Regal, der dann auf verstaubten Schuhen landet, die nicht so gut riechen. Es sollte mir ein Rätsel sein, warum ich die Kammer mag.

Das ist es nicht. Ich kenne das Geheimnis der Kammer: Sie hält die Welt und meine Ehe zusammen. Kraft ihres Zaubers. Ihre Magie ist die des Imperfekten und Provisorischen.

Als wir in die Ismaninger Straße eingezogen sind, vor Jahren, da habe ich in der Umzugshektik ein paar überzählige Regalböden an die Wand geschraubt, die leicht schief geraten sind, seither wackeln und immer wieder mal herunterfallen. »Macht nichts«, dachte ich mir damals. »Das ist nur ein Provisorium, das mache ich gerade, sobald ich Zeit dazu habe.«

Nun ist aber das Leben so eingerichtet, dass man aus Prinzip nie Zeit dazu hat, weshalb es hauptsächlich aus schiefen Provisorien und schlecht angeschraubten Regalen besteht, die darauf warten, dass die Menschen endlich mal Zeit für sie haben. Es weiß aber niemand, was passiert, wenn die schiefen Provisorien begradigt werden. Es gibt die Theorie, dass schiefe Provisorien in verstaubten, der gnadenlosen Effizienz entzogenen Räumen der Kitt des Lebens sind. Das moderne Paradies würde meiner Meinung nach aussehen müssen wie unsere Kammer.

Zu Pia sage ich: »Die Zeiten, die Räume, die Dimensionen, die Kulturen, die Gesellschaften: Nimmt man ihnen die schiefen Regale und darunter die Staubmäuse weg, bricht alles auseinander. Plötzlich hätte man das Gefühl, eine grundsätzlich unlösbare Aufgabe erledigt zu haben, woraufhin sich die Menschheit aufmachen würde, neue Herausforderungen und neue Aufgaben zu suchen. Nichts wäre gefährlicher als das.« Pia guckt mich an, ein bisschen müde.

Pias Taschensammlung in der Kammer hält in letzter Konsequenz die Welt im Gleichgewicht. Das ist der Grund, warum ich Pias Taschensammlung, die mich normalerweise nur nervt, als ordnungspolitisches Fundament akzeptiere. »Sogar deine Taschensammlung ist deshalb okay«, sage ich versöhnlich zu ihr.

»Ich habe keine Taschensammlung.« Pia kommt sogar hinter ihrem geliebten Mac-Bildschirm hervor, um diese schamlose Unterstellung und groteske Übertreibung meinerseits scharf zurückzuweisen. »Andere Frauen haben viele Taschen. Ich habe nur wenige Taschen.«

Das will ich genau wissen. In der Kammer zähle ich acht Taschen. »Du findest, acht Taschen sind wenig? Acht Damenhandtaschen?«

»Ja.«

Aus einer Umfrage geht hervor, dass einige Frauen notfalls auf die private Krankenversicherung verzichten würden, um sich eine besonders schöne Tasche zu gönnen. »Pia, würdest du auf deine private Krankenversicherung zugunsten einer schönen neuen Tasche verzichten?«

»Nein«, sagt sie, »erstens habe ich keine private Krankenversicherung, sondern nur eine private Krankenzusatzversicherung, und zweitens ist eine private Zusatzversicherung genau so wichtig wie eine private Zusatztasche.« Der Punkt geht an Pia. Männer werden den Taschenstreit niemals gewinnen.

Wenn Pia nicht in ihrer Tasche nervös nach dem Autoschlüssel, nach Lippenstift, Notebook, Taschenbuch, Handy, Hausschlüssel, kleinem Mitbringsel für Max, großem Mitbringsel für Anton, neuem Nintendospiel für Julia, nach Taschentüchern oder Kugelschreibern wühlen kann, wird sie nervös. Ich dagegen werde nervös, wenn ich eine Tasche dabeihaben muss.

Ich hasse Taschen aller Art. Höchstens die Hemdenbrusttasche geht in Ordnung. Manchmal nehme ich nicht mal eine Brieftasche mit, dann stecke ich die gefalteten Zehner-Scheine einfach in die kleine vordere Hosentasche meiner Jeans. Pia findet beim Wäschewaschen oft blitzsaubere Zehner. Ich wasche Geld, nicht, weil ich kriminell, sondern weil ich Taschenhasser bin.

Meine Mutter hat es in meiner Kindheit immer unterstützt, wenn ich im Fasching als Indianer aufgetreten bin. Auch wenn ich dann von Cowboys umzingelt wurde. Von ihr habe ich die Verehrung für ein Volk übernommen, das einmal bevorzugt in leichten mobilen Zelten lebte. Sie sagt immer: »Man soll leben, ohne Spuren zu hinterlassen.« Meine Mutter ist selbst sehr nomadisch. Auch auf ihre alten Tage muss sie mindestens einmal pro Jahr umziehen. Vielleicht verdanke ich ihr mein indianisches Nomaden-Gen und meine Vorliebe für Mietzelte statt für Hauseigentum.

Vermutlich sind Handtaschenliebhaber typische Eigenheimbesitzer und Brieftaschenverweigerer typische Indianer, denke ich. Pia sage ich nichts davon. Es ist nicht unwahrscheinlich, dass sie auf der Cowboyseite steht. Pia hat kein Indianergen, sondern ein Sieger-Gen.

Ich vertrete die Ansicht: Ohne das große Durcheinander wäre die Welt ärmer. Ohne imperfekte Kammern wäre das Leben unerträglich perfekt, unerträglich staubfrei, unerträglich aufgeräumt und unerträglich gerade. Perfekt ist gar nicht gut, finde ich. Pia findet das wiederum nicht.

Sie sagt: »Blödsinn. Provisorien sind das Letzte. Die Vorhangstange, die neulich runter- und Max auf den Kopf gefallen ist? Tolles Provisorium! Du wolltest sie seit Jahren festdübeln. Seit Jahren. Seit wir eingezogen sind. Und das kleine Schlafzimmer nach hinten? Wenn man es nach vorne legt, was du seit Jahren planst, seit Jahren, können wir nicht schlafen, weil uns die Tram nachts dauernd wach macht. Und nach hinten können wir an den Wochenenden erst ab fünf Uhr früh schlafen, weil die Terrorburschenschaft dort an jedem verdammten Wochenende Terror macht. Von fünf bis sieben Uhr können wir dann schlafen. Aber ab sieben füllt sich an schönen Tagen der Kinderspielplatz neben der Terrorburschenschaft. Dort quietscht die Rutsche wie eine Tram. Auch so ein Provisorium. Hält wahrscheinlich auch die Welt zusammen.«

Pia hält inne. Dann sagt sie: »Ich habe sie einfach satt, diese Provisorien. Unsere ganze Wohnung ist ein Dauerprovisorium, das du bei nächster Gelegenheit und mit Hilfe der nächsten Wohnung gegen ein anderes Dauerprovisorium tauschen möchtest. Es reicht.«

Pia ist laut. Hinten, bei den Kindern, knallt eine Tür. Gleich wird Julia ihre beste Freundin anrufen, um sie zu fragen, ob sich ihre Eltern auch scheiden lassen. Julia hat furchtbare Angst davor, ein Scheidungskind zu werden. Das ist Quatsch, ich lasse mich nicht scheiden. »Schon gar nicht wegen der Kammer.« Ich bin jetzt auch laut. Anton knallt deshalb auch mit der Tür. Nur Max freut sich über den Krawall. Max, der Hool, der findet Krawall immer gut. Er knallt die Tür am lautesten.

Ich weiß, dass Pia ungerecht ist, und ich weiß, dass Pia Recht hat. Wir schweigen, dann sagt Pia: »Ich räume jetzt die Kammer auf, dann werden wir ja sehen, was passiert, und danach planen wir unser Haus. Die Gräuliche will, dass wir was skizzieren. Du kannst ja einen Haufen Kammern zeichnen.«

Die Architektin und die neue Hausaufgabe, die habe ich ganz vergessen. Es dröhnt. Pia hat den Staubsauger angemacht und fuhrwerkt damit zwischen den

Schuhen herum. Unter den Staubmäusen richtet sie ein Massaker an.

Danach sitzen wir wieder friedlich und verhandlungsbereit am Küchentisch. Pia hat extra eine dicke Rolle Transparentpapier gekauft. Ich spiele mit und spitze die Bleistifte. Waffenruhe.

Pia zeichnet und sieht dabei zufrieden aus. Sie zeichnet etwas, was ich für den Entwurf einer Schuhschachtel halte. Ich zeichne auch. Mein Haus sieht aus wie das vom Sturm geknickte Haus der Roses. Das ist die Familie, die durch den Film »Der Rosenkrieg« bekannt wurde.

In diesem Film geht alles gut und bergauf, ein Mann, eine Frau, zwei Kinder. Der Mann ist erfolgreich, die Frau sieht gut aus. Dann zieht die Familie in ein tolles Haus, und die Frau beginnt mit der jahrelangen Arbeit der Perfektion. Endlich ist das Haus perfekt, die Vorhänge, die Bilder, die Bücher, die Küche, das Bad, der Weinkeller, die Teppiche, die edlen Möbel, die herrlichen Porzellanfigürchen. Da geht die Frau noch einmal durchs Haus, sieht das Sofakissen... und zack!

Mit einem Handkantenschlag von elementarer Gewalt vollendet sie ihr Werk. Ein Sonnenstrahl taucht die Szenerie der vollendeten Proportionen, Materialien und Farben in überirdisches Licht. Von da an geht alles bergab.

Die Roses fangen an, sich zu streiten, bald hassen sie sich, und dann bringen sie sich um. Am Ende des Films sind sie beide tot.

Kissen mit Kniff sind Todesboten. Kissen mit Kniff und alles andere, was man zur Wohnkultur rechnen könnte. Perfekte Wohnungen und perfekte Häuser sind eine tödliche Gefahr. Vor allem killen sie glückliche Ehen. Ich sage zu Pia: »Wenn du ein Kissen fürs Sofa willst, lasse ich mich scheiden.« Julia kommt dazu und sagt: »Was?«

»Blödsinn«, sagt Pia sanft, »komm her mein Engel, Papa redet nur Blödsinn.« Dabei sieht sie mich fast schon wieder freundlich an. Aber ich weiß, dass sie, wie alle Frauen, aus dem Stand zum finalen Handkantenschlag fähig ist. Ein Grund, warum Mietwohnungen meiner Meinung nach so toll sind, liegt darin, dass sie nie ganz passen. Pia findet, ein Grund, warum ein neues Eigenheim so toll ist, liegt darin, dass man es sich endlich einmal ganz passend machen kann. Notfalls mit der Handkante.

An diesem Abend sind wir zu Freunden eingeladen, weshalb wir unsere Zeichnungen nicht zu Ende bringen. Sven und Francesca sind eher Freunde für Pia. Ich finde sie anstrengend. Vor allem Francesca, die ich kaum aussprechen kann, weshalb ich lieber Franz zu ihr sage, was sie nicht mag. Sie ist sehr burschikos. Unsere Unterhaltungen geraten meistens kurz, sie macht mich nervös. Und Sven ist so ein weltläufiger Typ, bei dem man immer das Gefühl hat, dass er gleich mit tollen Freunden in Los Angeles telefonieren muss. Oder mit Zürich, um zu sehen, ob es dem Nummernkonto gut geht. Sven und Franz schüchtern mich ein. Ihr schönes Haus auch.

Wir kommen etwas zu spät zur Party. Sven ist an der Tür, sagt »Hey Alter, wie geht's?«, worauf mir nichts anderes einfällt als »Hm, ja« zu sagen. Ich habe extra einen teuren Wein gekauft, den Sven nur abfällig anschaut und dann an der Kellertür abstellt. »Kommt doch in die Küche«, sagt er und nimmt völlig überflüssigerweise Pia in den Arm. Ich trotte hinterher und frage mich laut, ob Pia wirklich schon so gehbehindert aussieht, dass man sie schieben muss. Aber mein Sarkasmus geht im allgemeinen Gemurmel unter. In der Küche umstehen zwei Dutzend gutaussehender Leute das, was, wie Franz eben der Gemeinde ein bisschen zu laut erklärt, »Butcher Block« heißt. Gemeint ist damit ein freistehender Küchenarbeitstisch, auf dem allerdings keine Kälber zersägt oder Hühner entfedert werden, sondern höchstens ein Sträußchen Petersilie vor sich hindämmert. Aber ohne Butcher Block kann man eine Küche gar nicht mehr Küche nennen.

Franz drückt mir einen »Gin-and-Tonic« in die Hand und gibt Pia ein Küsschen. Ich kenne sonst keinen Menschen, der »Gin and Tonic« sagt, ich kenne nur Menschen, die Gintonic sagen. Ich kenne sogar Menschen, die Tonginic sagen und dabei losbrüllen vor Lachen, aber die will Pia meistens nicht kennen. Zu mir sagt Franz: »Butcher Block«, das kommt von Metzger. Alle lachen. Nur weiß ich nicht, worüber.

Sven und Francesca haben keine Kammer. Ihr Haus

ist generell eine staubmausfreie Zone und überhaupt so schick, dass man sich als Gast unwillkürlich fragen muss, ob man mit dem Ambiente harmoniert oder vielleicht besser gehen sollte. Die Küche kommt mir so groß wie unsere Wohnung vor. Um den Tisch sitzen mindestens zehn Leute, die verschieden lange, keilförmige Stangen in Tomaten-, Karotten- oder Gurkenkonsistenz in verschieden dickliche weiße Saucen tunken. Am liebsten wären mir jetzt Erdnussflips. Der Tisch ist riesig.

Mir kommt es so vor, als ob es da einen Zusammenhang geben könnte: Je kinderloser die Paare oder Singles sind, desto größere Tische stellen sie sich in ihre überdimensionierten Küchen. Die Küche ist das neue Wohnzimmer, und der Küchentisch ist neben dem Metzgerblock die neue Doppelgarage. Die Espressomaschine ist unter Umständen das wichtigere Statussymbol als der neue Porsche. Ich schaue mich nach Pia um und kann sie nicht finden.

Dann sehe ich sie, Sven zeigt ihr gerade den Crushed-Ice-Spender von seinem neuen Kühlschrank, der dem Wort »Schrank« alle Ehre macht. Ich gehe rüber und sage zu ihm, weil mir gerade nichts Besseres einfällt und weil ich denke, dass ihm diese Sprache liegt: »Hey Alter, wie geht's?« Sven schaut mich daraufhin an, als ob er einen Wahnsinnigen auf seiner Party entdeckt hätte. Wortlos kippt er mir frische Crushed-Ice-Würfel in meinen neuen Gintonic. Es ist schon der dritte.

In Pias Augen sehe ich, dass sie gern sagen würde: »Mein Mann dankt.« Aber Sven muss ihr dringend die üppige Küchenlandschaft zeigen: zum Beispiel die »Induktionskochfelder mit Twist-Pad-Bedienungsknebeln«. »Toll«, sagt Pia. Wer sie kennt, weiß, wie unfassbar gelangweilt sie ist. Aber Sven, dieser Dummschädel, wirkt umso animierter und will Pia schon wieder mit sich schleifen.

Daher greife ich ein und erzähle ihm, dass im späten 19. Jahrhundert eine »Vorschneidemaschine für alte und zahnlose Leute« auf den Markt gekommen sei, in der eingelegte Speisen seniorengerecht zu kleinen Häppchen zermalmt werden konnten. »Weil die aber 25 Mark kostete, konnten sich alte und zahnlose Leute die Vorschneidemaschine gar nicht leisten, deshalb wurde daraus ein Kultobjekt für Reiche. Das war der Beginn der Küchenrevolte, an dessen Endpunkt deine tolle Küche steht.«

Sven weiß nicht recht, ob ich nicht nur wahnsinnig, sondern auch betrunken bin, und sagt daher nur »ist ja irre«. Aber ich bin sicher, dass er sich in einem der hochspezialisierten Küchenläden, die inzwischen aussehen, als handelten sie mit Atomtechnik, beraten lassen wird. Sven gehört zu den Leuten, bei denen das Wort »Kult« den Greifreflex auslöst. Pia schaut mich böse an.

Ich schlendere ins Wohnzimmer, wo Franz gerade ein kleines Rätselraten veranstaltet. Sie will von ihren Gästen wissen, aus welchem Holz das neue Sideboard ist.

»Eiche geölt«, sagt jemand. Ein anderer: »Nein, das ist Eschenholz.«

»Alles falsch«, findet Marion, die zu den netteren Gästen gehört, »das ist Vogelahorn oder?« Ich sage: »Fichte natur.« Alle lachen. Da fühle ich mich schon besser. Der vierte Tonginic tut endlich seine Pflicht und hilft mir, das perfekte Heim der perfekten Leute nicht mehr als Vorraum zur Hölle des guten Geschmacks zu erleben.

Es gibt eine Alptraumvorstellung, die mich gelegentlich plagt. In diesem Traum bin ich in einem Manufactum-Geschäft eingeschlossen, über Nacht, umgeben von Dingen, die so großartig und schön sind, dass man nur darüber sagen kann: »Es gibt sie noch, die guten Dinge.« In diesem Traum sehne ich mich nach billigen Plastikmöbeln und hässlichem Nippes, während ich den Ausgang suche und immer nur Buchenholztischbesen mit Ziegenhaarbesatz oder Kleiderbügel aus Sauener Eiche finde, die als Winterholz mondphasengerecht geschlagen wurde.

Franz beendet jetzt das Spiel und erlöst die Rätselschar von ihrem Unwissen. Sie sagt: »Douglasie. Das Sideboard ist aus Douglasie.« Anmutiger als sie kann das niemand sagen. Dou-gla-si-e. Das möchte man sich sofort ins Poesiealbum schreiben.

Das sage ich auch Pia auf dem Nachhauseweg und mache Franz nach, wie sie sich fast lüstern Dou-gla-si-e auf der Zunge zergehen lässt, als bestünde ihr Sideboard aus weißen Trüffeln. Pia findet mich langweilig und sagt: »Lass die doch, die haben ein sehr schönes Haus und einen guten Geschmack, den sie sich ein bisschen zu sehr anmerken lassen. Na und? Was ist dabei? Das tut nicht weh.«

»Doch, mir schon.«

»Sei nicht so zimperlich. Sonst gehen wir morgen zu Manufactum.« Sie kichert und nimmt mich in den Arm. Zu Hause mache ich uns noch einen eigenen Gin-and-Tonic und serviere ihn ohne Crushed-Ice, aber mit Kerzenlicht. Es wird eine sehr nette kleine Nachfeier mit viel Gelächter, hauptsächlich auf Svens Kosten, was mir extrem gut gefällt.

Am nächsten Morgen lese ich Pia wieder einmal einen Artikel vor, einen, der vom Beautyful-House-Syndrom handelt, während sie so tut, als würde sie noch schlafen. Draußen hört man Anton und Max. Sie streiten in der Küche um die letzte Kindermilchschnitte, die erstens ungesund ist. Und zweitens sollen sie nicht streiten, sondern teilen. Drittens sollen sie schlafen. Es ist Wochenende. Viertens schläft deshalb auch die Polizei, also Pia.

Ich lese: »Aus meiner Sicht sind es zwei bittere Wahrheiten, warum kaum ein Paar vor dem Beautyful-House-Syndrom sicher sein kann: Ein perfektes Haus ist immer perfekter als die Beziehung. Design ist kompromisslos, Dasein nicht. Und: Das Traumhaus lässt keine Entscheidung zu, die man auf die Verhältnisse schieben kann. Worüber ließe sich denn jetzt noch jammern, wenn alles Wünschbare in der Überdosis da ist?«

»Ja, worüber nur?« Pia dreht sich zu mir um und gibt mir einen Kuss, »ich bin sicher, dir würde schon noch etwas Bejammernswertes einfallen.«

12. Kapitel, in welchem das Leben entworfen wird, wie es sein soll.

Der Mensch, sagt der Philosoph Alain de Botton, denke zu viel über Stil nach anstatt über die Frage, wer er sein möchte. Pia zeichnet seit einer halben Stunde, um die schon längst gestellte Hausaufgabe für die Gräuliche zu erledigen. Morgen, am Montag, ist endgültig Abgabe. Die Architektin will, dass wir »ganz spielerisch« einen Grundriss für unser Haus zeichnen. Draußen scheint ein schöner Sonntag anzubrechen. Ein erster heißer Tag im Juli.

Mir ist warm, ich mache die Balkontür auf. Schweini und Poldi fiepen mich an und wollen Salat. Meerschweinchen fressen wie blöd Salat, als wollten sie rasch schlank werden, um bei »Deutschland sucht das Superschwein« eine gute Figur zu machen. »Bald«, sage ich leise zu ihnen, »bald schon sitzen wir drei in Pias Garten, wo sie Unmengen von Salat für uns anbauen wird. Ihr könnt dann in einem großen Stall direkt auf unserem Sport- und Spielrasen herumtoben, wie gefällt euch das?« Sie fiepen. Dann senke ich die Stimme: »Aber nachts kommt dann der Wolf. Das ist so am Stadtrand in Einfamilienhaussiedlungen. Dort leben ganz viele böse Tiere.« Das Fiepen hört auf. Pia fragt, mit wem ich rede. »Nichts, Schatz.« Ich gehe wieder an den Tisch.

Grundriss. Spielerisch. Die Gräuliche ist gut. Wenn

ich das könnte, würde ich sie nicht bezahlen müssen. Aber Pia meint, das würde uns nur gut tun. Also starre ich seit einer halben Stunde auf mein weißes Blatt und fühle mich wie vor 25 Jahren, als ich im Biologie-Abitur saß und keine Vorstellung vom Zitronesäure-Zyklus hatte. Ich wusste nur, dass es ein langer Weg sein würde von der Citratsynthase bis zur Malat-Dehydrogenase, was auch immer das sein und wo auch immer sich solches ereignen mag. Ich schiele zu Pia rüber. Sie nimmt das Lineal und rechnet schon die Quadratmeter aus. Vier zusammenhanglose Striche befinden sich auf meinem Papier. Wie soll ich das Bett hinstellen? Wohin kommt das Regal? Was tun wir mit dem Fernseher? Ich will mein Leben entwerfen, darf nicht über Stil nachdenken und soll mich fragen, wer ich sein möchte. Mieter scheidet als Antwort bald aus. Unverschuldeter Mieter ist schon ausgeschieden. Unverschuldeter, in der Mitte der Stadt und inmitten herrlicher Provisorien lebender Mieter macht es auch nicht mehr lange.

Ich zerknülle das Papier und lasse mir von Pia mein neues Leben zeigen. Walter Benjamin hat über das Wohnen gesagt, dass die Anordnung der Möbel zugleich der Lageplan der tödlichen Fallen sein kann. Das sehe ich ebenso. Pia sagt, ich sei unerträglich. So werde das nie was. »Reiß dich zusammen. Es ist klasse, wenn man sich mal neu entwerfen kann.«

Das hört sich nach Pia 2.0 an. Ich weiß nicht, ob ich das will. Die Original-Pia reicht mir völlig. Ihr Grundriss sieht sehr aufgeräumt und trotzdem gemütlich aus.

Auch nicht zu groß und nicht zu klein. 140 Quadratmeter für fünf. Ist doch okay.

»Schau mal«, sagt sie, »hier steht dein kleines Sofa, und hier, im Keller, ist ein winziger Abstellraum nur für dich, genau so groß wie ein Kasten Bier.« Pia 1.0 weiß, wie man mich fröhlich stimmt. Pia 2.0 dagegen: Der wäre ich einfach nicht mehr gewachsen. Ich zeichne in einem Anfall von Verliebtheit nach wirren Kriegs- und Ehejahren einen großen Kringel in ihren Plan: »Und hier ist dein Bad. Nur deines. Ehrlich. Ich platze da nie mehr rein.« Sie strahlt mich an. Pia 2.0 würde ich nicht so leicht drankriegen. Wir lachen beide. Und beide merken wir, dass es langsam anfängt, Spaß zu machen. Den Spaß, sich ein neues Leben vorzustellen.

Es ist Montag. Die Architektin sieht sich Pias Plan an, schmunzelt und greift nach einem sehr dicken Bleistift. »Das machen wir so, das so und das so. Und das so. Hier.« Sie reicht uns das Blatt zurück, an dem Pia so liebevoll gearbeitet hat. Es sieht aus, als hätten die Alliierten Deutschland mit dem großen Geodreieck unter sich in aller Hast aufgeteilt. Überall dort, wo wir geheimnisvolle Bierabstellplätze oder streng bewachte Damenboudoirs vorgesehen haben, in den Winkeln und Ecken eines Hauses, die ja so wichtig sind, überall dort ist jetzt freier Raum, gerade Kante, schnörkellose Ordnung. Die Gräuliche hat unser Leben einer Flurbereinigung unterzogen. Dann sagt sie, sie werde jetzt das Ganze mal ein paar Tage durchdenken, dann sehe man sich wieder. »Auf Wiedersehen, auf bald.« Wieder draußen zeige ich Pia den roten Apfel, den ich heimlich mitgenommen habe, um das fein austarierte Architekten-Arrangement aus grünen und einem roten Apfel zu ruinieren. Aus reiner Rachelust.

Zwei Wochen später sitzen wir wieder artig im Reich der Gräulichen. Ich bemühe mich, nicht zu der Apfelschale zu schauen. Als mir die Gräuliche ein Wasser vorsetzt, lächelt sie mich charmant an und stellt einen kleinen Teller mit einem roten Apfel daneben. Pia, das sehe ich aus den Augenwinkeln, wünscht sich, dass sich der Boden auftut, um sie zu verschlingen. Der Boden tut ihr den Gefallen nicht.

Die Gräuliche ist ganz aufgeräumt und sagt: »Fertig, der Entwurf ist fertig.« Sie schafft es, dass sich dieser einfache Satz anhört wie »Es ist vollbracht.« Dann zeigt sie uns den Plan.

Was soll ich sagen. So suspekt mir die Gräuliche auch ist: Der Entwurf sieht perfekt aus. Wir haben drei Kinderzimmer mit Schlafgalerien, einen Spielflur für das Klavier, eine Minibibliothek, eine gigantische Küche mit, ja!, mit einem herrlichen Metzgerblock... wir haben ein Schlafzimmer mit eigenem Bad und sogar noch ein kleines Gästezimmer, dazu ein Kinderbad. Und einen Keller. Und das alles in einem superschmalen Haus, aber so, dass es gar nicht schmal aussieht, weil die Gräuliche viele verschiedene Ebenen gegeneinander versetzt und alles bis unters Dach und bis auf den letzten Millimeter ausgereizt hat. Dabei sehen die

Grundrisse ganz einfach aus. Und sogar ein kleines Pappmodell hat sie vorbereitet, damit wir sehen, wie das Licht durch die vielen freundlichen Fenster einfällt. »Hier«, sagt sie, »das schmale Haus.«

Ich hebe es hoch und gehe zum ersten Mal mit den Augen durch unser Haus. Zum ersten Mal denke ich: unser Haus. Nicht wie bisher »Pias Haus«. Oder »Haus am Stadtrand«. Oder »Schuldenfalle« oder »Vorhölle«. Oder was ich sonst bisher gedacht habe. Ich denke: unser Haus. Unser schönes Haus. Ich bin glücklich. Am liebsten würde ich die Gräuliche umarmen. Das geht nicht. Ich sage nur: »schön«. Pia sagt: »sehr schön.« Was wir aber beide meinen, ist: »unser Haus«.

Würde man diesen Gedanken summen, dann hörte er sich an wie in diesem bekannten Song: »Our house, in the middle of our street, dumdum, our house, bimbam, tröttröt, dingdong.« Ein kleines Pappmodell zu sehen vom eigenen Glück: Das ist manchmal schon das ganze Glück.

So funktionieren auch die Schaufenster von diesen Bausparkassenbüros in der Innenstadt: Da sind Häuschen zu sehen mit Kaminchen und Fensterchen und Briefkästlein. Sie sehen meistens aus, als seien sie von Schlümpfen im Auftrag des gallischen Dorfes nach Plänen von Friedensreich Hundertwasser entworfen worden. Es müsste einem im Grunde übel werden. Aber trotzdem machen sie glücklich.

Pia und ich torkeln wie besoffen von Zukunft von

dannen und singen laut »Our house...« Die Leute drehen sich nach uns um. Die Band übrigens, die Unser-Haus-Band, heißt »Madness«, stammt aus den achtziger Jahren, und es mag zum Augenblick passen, dass sie auf Deutsch »Wahnsinn« heißt.

Zwei Wochen später sind wir wieder nüchtern und haben einen schlimmen Kater vom Wahnsinn. Wir wissen jetzt, dass wir unser Leben ändern müssen, um in das neue Haus zu passen. Und die Gräuliche zeigt sich als unerbittliche Feldherrin der Ästhetik, die alle Versuche unsererseits, die Ästhetik gegen so etwas wie Lebenspraxis einzutauschen, mit Erstschlagwaffen zurückbombt ins Reich des Banalen.

Es gibt im Architektenentwurf zum Beispiel einen kleinen Rückzugsraum unter dem spitzen Dach. Ganz oben und ganz hinten, am Ende des Spielflurs, der die Kinderzimmer erschließt. Dort, im Flur, sind auch die Bücher. Sehr wichtig. »Dieser Dings, Rückzugsraum«, sage ich, »ist wie geschaffen für mich und meinen Computer. Und zum Bücherlesen natürlich. Der perfekte Platz für mich.«

»Wieso für dich? Wieso für deinen Computer?«, fragt Pia spitz.

Die Gräulich sagt: »Wie dem auch sei. Diesen Raum erreichen Sie über eine kleine Leitertreppe.«

Pia sagt: »schön«. Ich frage mich aber, misstrauisch gestimmt, was eine Leitertreppe sein soll. Ich kenne Treppen: die Spanische Treppe in Rom zum Beispiel oder das Treppenhaus in der Ismaninger Straße 92. Und ich kenne Leitern: die Strickleiter, die Hühnerleiter, die Feuerwehrleiter. »Was soll das sein, eine Treppenleiter?«, frage ich die Gräuliche. »Eine Leitertreppe«, korrigiert sie mich sanft, »ist eine sehr steile Treppe, fast so steil wie eine Leiter.«

»Also unbequem«, sage ich. »Naja«, sagt Pia, die schon ahnt, was jetzt kommt.

Jetzt kommt der Streit um Bruchteile von Graden, um Bruchteile von Zentimetern und der Streit ums Grundsätzliche. Ich finde nämlich, eine Treppe ist dazu da, um von Punkt A zum höher oder tiefer gelegenen Punkt B zu kommen. Möglichst bequem. Die Gräuliche und Pia finden aber, dass eine Treppe an dieser Stelle nicht so voluminös sein sollte, daher möglichst steil, möglichst schmal und möglichst leiterig. Möglichst schön.

»Möglichst schön ist das, was möglichst bequem ist.« Dabei stehe ich auf und humple absichtlich durch den Raum. Die Architektin frage ich, ob sie noch nie etwas vom Demographie-Schock und der überalterten Gesellschaft gehört hat, davon, dass Autos gebaut werden, die stuhlhohe Sitze zum »Bequemeinstieg« haben und Telefone, die Tasten in der Größe von Euro-Münzen aufweisen. »Ist Ihnen nicht klar, dass nur junge und gesunde Profisportler Ihre Treppenleiter schaffen? Aber nicht ich, wenn ich 60 bin und an Rheuma leide.«

»Leitertreppe«, sagt die Gräuliche, »es ist eine Leitertreppe. Und wenn wir sie länger und weniger steil machen, dann zerstört das die räumliche Wirkung im ganzen Haus.«

»Das ist ja lächerlich«, sage ich und hinke umher. »Da oben will ich arbeiten...«

»Wieso du?« Das war Pia.

»...arbeiten und ein Glas Wein trinken. Und dann muss ich immer noch die Treppenleiter...«

»Leitertreppe.« Das war die Gräuliche.

»...runterkommen. das geht nicht so steil. Ich will mich nicht abseilen müssen, wenn ich von meinem Arbeitszimmer aus ins Bad will. Soll es ein Haus oder ein Berg werden, was Sie da planen?«

Pia kriegt ihren schmalen Mund. »Erstens«, sagt sie, »es ist nicht dein Arbeitszimmer. Zweitens: Trink halt nicht. Drittens: Du bist 46 und auch, wenn du noch so herumhumpelst, wirst du ja wohl noch eine kleine Treppenleiter schaffen.« – »Leitertreppe«, sage ich mit der Gräulichen im Chor.

Alle schweigen. Dann sagt die Gräuliche: »Gut, wir werden nochmals darüber sprechen.«

Was wir natürlich nicht tun. Wir schicken aber Skizzen per Mail hin und her. Ich fange an mit einer ultraflachen Treppe samt superniedrigen Stufen. Sie antwortet mit einer extrem Kurz- und Steilvariante. Das geht so ein paar Tage. Schließlich landen wir bei einem Kompromiss. Die Gräuliche verhandelt so hart wie die Palästinenser. Sie gibt mir das Gefühl, ich sei das personifizierte israelische Siedlungsprogramm, über das sich die ganze Welt empört.

Der Kompromiss sieht für mich immer noch nach einer steilen Treppe aus. Mehr Leiter als Treppe. Vermutlich wird es eine gestufte Arbeitsbeschaffungsmaßnahme für Orthopäden. Vermutlich wird sie vom TÜV verboten. Vermutlich schreitet die Gleichstellungsbehörde der Bundesregierung gegen mein Arbeitszimmer ein, weil es die Arbeit älterer Mitarbeiter unmöglich macht und daher als seniorenfeindlich und als gesellschaftspolitisch verfehlt einzuschätzen ist. So wird das sein. Und Pia wird sagen: »Aber der Raum ist schöner.«

In den nächsten zwei Wochen bin ich unterwegs. Ich schaue mir Kinderhochbetten mit Leitern an. Ich prüfe die Kinderrutschtreppe im Freibad. Ich rufe alle Freunde an und lade mich selbst in ihre Wohnungen ein, um Treppen zu vermessen und um mir Notizen zu machen. Ich gehe zum Orthopäden und frage ihn, was er mir rät. Er sagt, meine Bandscheiben seien in Ordnung. Ich glaube ihm nicht und gehe zu einem anderen Arzt, der mir bestätigt, dass ich auf meine Bandscheiben aufpassen soll. Ich will das schriftlich und gehe mit einer akuten Bandscheibenvorwölbung triumphierend nach Hause. Leicht hinkend.

Pia fragt mich scharf, ob ich etwa ein Attest bei der Gräulichen einreichen wolle. Wenn ich die Treppenleiterleitertreppe nicht wolle, »dann planen wir halt um.« Ich sage: »Ist ja gut.« Aber ich fühle mich elend. Ich habe das Gefühl: Wer den Kampf um die Treppe verliert, der verliert auch den Krieg um das Haus.

Die Gräuliche macht mir Angst. Und eigentlich will ich auch kein Arbeitszimmer in Obermenzing, sondern am Marienplatz. Ich sage es Pia.

»Du Idiot.« Aber sie verspricht mir, dass ich niemals da hinauf müsse, hinauf in ihr Arbeitszimmer. Nicht in meinem Zustand als gehbehinderter Senior.

13. Kapitel, in welchem die Theorie Grau und das Leben Schwarz ist, wobei sich außer der Frage nach der richtigen Farbe auch die Frage stellt, was man eigentlich wäre, wenn man ein Möbelstück von Ikea wäre.

»Julia«, sage ich und gucke in den Rückspiegel, um meine Tochter anzuschauen, die hinten im Auto sitzt und Nintendo spielt, »Julia, du könntest zum Beispiel eine rotweißkarierte Tischdecke sein.« Wir fahren auf der Autobahn und spielen das Ikea-Spiel, weil wir zu Ikea fahren. Aber Julia ist mäßig interessiert. Sie wollte nur mit, weil sie es erwachsen findet, am Samstag zu Ikea zu fahren. Das finde ich allerdings auch. Ikea gehört zu meiner jugendlichen Reifezeit, ein magischer Ort an der Schwelle zur Erwachsenenwelt. Dieses Möbelhaus, eine gelbblaue Kiste auf der Wiese, umgeben von einem monströsen Parkplatz und beseelt von Wohnmenschen auf der Suche nach dem richtigen Regal oder einer passenden Topfpflanze. Das war damals der Gipfel meines ersten Erwachsenen-Gefühls. Dieses Gefühl hat einen Namen: Ivar.

Ivar ist ein Regal. Nicht irgendein Regal. Es ist die Mutter aller Regale. Und dabei so simpel. Fichte natur. Leiter, Brett, Leiter, Brett. Ivar ist das erste Möbel, das ich mir in meinem Eltern-Reihenhaus selbst gekauft habe. Für mein sogenanntes Jugendzimmer und von meinem eigenen Geld. Ich schätze, ich war damals vierzehn, fünfzehn Jahre alt. Es gab eigentlich keinen Grund, mir ein Regal zu kaufen. 14- bis 15-Jährige sind nicht gerade wild darauf, Ordnung und Regalmeter in ihr abenteuerliches Leben zu bringen. Aber Ivar war meine Art, gegen das Mobiliar zuhause zu protestieren.

Nicht, dass ich Tapeten in Beigebraun mit Wabenmuster und Tchibo-Tischsets vor einer Eiche-Schrankwand als menschenunwürdigen Gulag empfunden hätte. Aber andere, mondänere Familien hatten Ikea-Sideboards und lustige Rollos. In solchen Familien wurde Jazz gehört und Motorrad gefahren und Helmut Schmidt gewählt.

In meiner Familie lag allerhöchstens an Sylvester Abba auf dem Dual-Plattenspieler, Motorräder wurden als veloziferischer Wahnsinn abgelehnt, und Helmut Schmidt, fand mein Vater, sei im Grunde in der falschen Partei. Ivar schien für mich auf der helleren Seite des Mondes zu stehen. Ivar in Eching: Von Niederbayern aus gesehen war das Schweden.

Das war genau das, was ich brauchte: Ivar, die Protestmaschine.

»Julia, was meinst du, was wäre ich, wenn ich ein Ikea-Möbel wäre? Ein Regal vielleicht, na?«

Julia guckt konzentriert auf das Nintendo, wo Indiana Jones gerade mit menschenfressenden Spinnen zu tun hat. Julia hat andere Probleme.

»Nö. Wieso?«

»Nur mal angenommen, ich wäre von Ikea, wäre ich

dann eher ein Tisch, ein Regal oder eine Zimmerpalme, was meinst du?«

Achselzucken. Dezentes Genervtsein einer Zehnjährigen. »Du bist doch Papa.« Indiana hat noch viel zu tun.

»Pia, hilf mir.« Ich werfe einen Blick auf Pia, die aus dem Fenster schaut. Dezentes Genervtsein auch hier.

Pia kommt mir nicht zu Hilfe, und Anton und Max sind nicht da. Sie sind auf einem Kindergeburtstag. Anton ist eingeladen, und Max, der Radaubruder, hat sich spontan dazueingeladen. Er ist so der Typ, der findet, dass eine Party ohne ihn keine richtige Party ist. Manchmal kann ich kaum glauben, dass er mein Sohn ist. Später wird er vielleicht mal Talkmaster oder FDP-Vorsitzender.

An der Tür beim Anton-Abgeben flennt er die Geburtstagsmama so unverschämt an, dass sie nicht anders kann. Sie sagt: »Der Kleine kann natürlich auch bleiben, wenn er möchte.«

Sofort stellt Max das Geheul ein und beginnt damit, die Geschenke des Geburtstagskindes auszupacken. Ich weiß nicht, ob mir die Geburtstagsmama noch einen langen Blick zuwirft. Ich spurte so schnell weg, wie ich kann. Maxfreie Vormittage gibt es nicht immer gratis und unverhofft. Die Geburtstagsmama, denke ich während der Flucht, wird wohl bald den Verdacht haben, der kleine Max sei in Wahrheit eine kleine Höllenmaschine. Aber das soll sie selbst rausfinden. Aus gutem Grund bin ich gut versichert, seit Max in unserem Leben ist.

»Ich helfe dir nicht«, sagt Pia. »Ich mag das Ikea-Spiel nicht.«

»Du magst ja auch Ikea nicht«, sage ich.

»Das stimmt nicht. Ikea ist die Sehschule der Nation. Manche Leute würden nur Hässliches kaufen, wenn es Ikea nicht gäbe. Ich danke Gott für Ikea. Es ist wunderbar. Es hilft den Menschen.«

»Du meinst: Es hilft Leuten wie mir.« Manchmal finde ich Pia zynisch. Das macht mich aggressiv.

Julia fragt: »Streitet ihr? Okay, Papa, du wärst ein Rotweinglas. Eines von Ikea.«

Sie verblüfft mich. Meine kleine Tochter ist manchmal bis zu einem Grad phantasiearm, den ich geradezu aufreizend finde. Dann plötzlich kommt sie mit einem Satz rüber, der brüllend komisch wäre, wenn er nicht so einen doppeldeutig-bösen Hintersinn hätte. Sie kommt ganz nach Pia. Julia streicht sich eine Strähne ihrer blonden Haare aus dem Gesicht. Die süße Kleine: Praktisch seit zehn Jahren, also seit ihrer Geburt, weigert sie sich mit aller Macht, zum Friseur zu gehen. Sie will Haare wie Rapunzel. Oder wahlweise wie Barbie.

Ich gucke meine Frau an. Ihre Haare sind so kurz wie bei Jean Seberg in »Außer Atem« mit Jean-Paul Belmondo. Finde ich jedenfalls. Pia findet: »Kurze Haare sind praktisch.« Ob Julias Eid, sich niemals und unter keinen Umständen die Haare kürzen zu lassen, so etwas wie ihr Ivar ist?

»Julia«, sage ich, »du bist Ivar, das Regal.« Julia sagt: »Ich bin Julia, deine Tochter.«

Pia grinst. Dann sagt sie: »Du weißt genau, was ich meine. Ich finde Ikea ist nicht der Höhepunkt der Gestaltkunst, aber sehr okay. Wirklich, Ikea ist okay, billig, sieht meistens passabel aus. Und Billy zum Beispiel, Billy gehört für mich zu den bedeutendsten Kunstwerken der Moderne. Aber muss das Geschirrtuch wirklich Admette heißen? Die Gardine Wilma? Das ist albern.«

»Das ist doch der Witz«, sage ich. »Weißt du überhaupt, dass der Ikea-Katalog in einer Auflage von 200 Millionen gedruckt wird? Dass es Menschen gibt, die diesen Katalog so sehnsüchtig erwarten wie den Frühling oder einen verschollenen Liebesbrief? Das geht doch nicht mit einer Gardine. Mit Wilma schon.«

»Mein Gott«, sagt Pia, »ist ja gut. Was du nur immer hast, sei nicht so empfindlich. Von allen niederbayerischen Männern dieser Welt habe ich mir den einzigen Empfindsamen ausgesucht.«

»So. Du findest Niederbayern nicht gut? Und du fährst nicht gern zu Ikea, oder?«

»Doch, nur nicht am Samstag. Am Samstag fahre ich nicht gern zu Ikea, weil dann Millionen von Familien auch zu Ikea fahren und im Auto das Ikea-Spiel spielen. Was wohl Barack wäre? Ein Federholzrahmen? Und Obama ist dann ein Sofakissen?«

Ich sage: »Ich mag das. Millionen von Familien, die mir das Gefühl geben, dass es okay ist, eine Familie zu sein.«

Pia: »Du findest also eine Familie nicht normal?«

Julia sagt schnell: »Und du, Mama, du wärst ein Teelicht.«

Hackebeil, denke ich, Pia wäre ein Hackebeil.

Ich glaube, Ikea hat das mit den Namen erfunden: Billy, Ivar und ihre Freunde aus dem Hochregallager gehören seit Jahrzehnten zum deutsch-schwedischen Nichtangriffspakt. Ohne Ikea wäre Deutschland ärmer. Ja, stimmt, denke ich, bei Ikea fühle ich mich sicher, und in den exaltierten Design-Wohn-Läden, die Pia mag, fühle ich mich unsicher. Deshalb stelle ich mich gerne am Samstag in den Stau vor Eching oder Ottobrunn: Dort fühle ich mich einfach sicher vor Stühlen und Sofas, auf denen man zwar nicht sitzen, wofür man aber ein kleines Vermögen ausgeben kann. Und dann heißen die nur »Chair one« oder »LC 3«. Bei Ikea gibt es 10 000 verschiedene Produkte – und alle haben einen richtigen Namen.

Wäre ich geschieden und kinderlos, würde ich mich auch am Samstag in den Ikea-Family-Stau stellen: dann aber, um vollendet einsam zu sein. Einsam, unglücklich und ein wenig lebensmüde vielleicht. Ikea muss für Nichtfamilien die schiere Hölle sein. Dort laufen nur Leute rum, die sich zusammen eine Zukunft auf dem Klippan-Sofa vorstellen können. Schön ist das.

Pia hat doch keine Ahnung, denke ich. Die ist mit Bauhausmöbeln aufgewachsen. Mit Freischwingern und Corbu-Liegen und allem. Und mit dem Erbstück aus Kirschholz. Ein Schrank, so groß wie ein Lkw. Sie weiß nicht, dass manche Menschen ein Leben lang das Tchibo-Tischset-Trauma mit sich herumtragen. Wir vom Tchiboclub sind in Wahrheit Stoiker. Pia ist nur verwöhnt und mit zu viel gutem Geschmack aufgewachsen. Jetzt ist sie ein Design-Freak, und ich brauche Ikea, weil ich sonst orientierungslos wäre und nur Hässliches kaufen würde.

Ich kann mich noch genau erinnern, als Pia zum ersten Mal in meine Wohnung gekommen ist, damals, gerade frisch verliebt. Sie sagte: »Mhmm hm. So so.« Und dabei hat sie die Augenbrauen hochgezogen, wie nur sie es kann.

»Du wärst ein Hackebeil«, sage ich zu Pia. Pia sagt nichts. Julia sagt nichts. Dieser Ikea-Trip fängt nicht gut an.

Normalerweise gerate ich immer in Ferienlaune, wenn ich zu Ikea fahre, um Familien normal zu finden, um 500 Teelichter und ein paar weitere überflüssige Steckdosen-Batterien zu kaufen. Ikea, das ist Stau, genau wie in den Ferien. Und in den Autos wird gestritten, genau wie in den Ferien. Ikea ist aus meiner Sicht reinste Exotik, in der ab und an die Eltern des kleinen Lars zum Informationsschalter gerufen werden. Oder die Eltern der kleinen Britta. Wenn solche Lautsprecher-Durchsagen kommen, drehen sich immer alle mit vorwurfsvollem Blick um, damit klar ist, dass sie den kleinen Lars oder die kleine Britta niemals in ihrem Bullerbü Bollerwagen im Stich lassen würden. Ich schätze, dass Ikea einfach ein tolles Land ist.

Nach Max, dem dreijährigen Hool, der gerade einen Kindergeburtstag auseinander nimmt und Siebenjährige dazu bringt, weinend die Flucht zu ergreifen, haben wir uns geschworen, niemals wieder ein Kind zu bekommen. Max hat uns einfach erledigt. Aber falls doch, falls... und falls es ein Junge wäre... falls: Er würde Ivar heißen. Garantiert.

Pia will jetzt Ruhe und Familienfrieden. Sie sagt: »Du wärst ein cooles Schlafsofa, und ich hätte sofort Lust, darauf einzuschlafen.« Dabei berührt sie mein Bein auf so eine anzügliche Jean-Seberg-Art, dass ich erschrocken Gas gebe und fast auffahre auf den Vordermann. Sie sagt noch: »Weißt du was? Wir essen bei Ikea.« Damit versöhnt sie mich komplett. Das ist lecker und billig, es gibt dort Hot Dog und Köttbullar. Pia ist sonst nicht der Ikea-Restaurant-Typ, und ich weiß ihr Friedensangebot zu schätzen.

Beim Essen fällt mir auf, dass Julia Konversation macht. Sie ist kein Kind mehr, denke ich. Sie macht Konversation. Früher hat sie in der Eisdiele immer geglotzt oder mir Löcher in den Bauch gefragt. Jetzt will sie wissen, ob es uns gut geht, und erzählt, dass sie sich auf Obermenzing freut. Das tut fast ein bisschen weh. Sie wird so schnell erwachsen, schneller als ihre blonden Haare, die einfach nicht wachsen wollen.

Pia sagt zum schwedischen Nachtisch: »Du bist ein blauer Typ.«

»Wieso?«, frage ich.

»Das steht in dem Farben-Buch, du weißt schon: Alles über Psychologie und Farbe.« Das Buch besitzen wir, seit wir in der Ismaninger Straße wohnen. Unsere Wohnung ist total farbig. Das war Pias Idee. Pia hat damals zum Einzug für jeden Raum eine eigene Farbe ausgesucht und dann einen Maler gesucht, der ihre Vorstellungen realisiert. Das war gar nicht so einfach: Einen Mann zu finden, der bereit ist zu Pia erstaunlichen Farbexperimenten. Die meisten Fachleute haben gelacht oder abgeraten. Noch heute gibt es Menschen, die nicht glauben können, wie wir in diesem besonderen Grün leben und noch nicht geschieden, neurotisch oder magenkrank sind.

»Wieso blauer Typ?«

Pias Handy klingelt. Es ist die Gräuliche. Architekten kennen keinen Samstag. Pia hält das Handy so, dass möglichst keine Ikea-Geräusche in das Reich unserer Raumkünstlerin dringen können. Würde die Gräuliche erfahren, dass wir bei Ikea sind, würde sie uns vermutlich sofort auf Unterlassung verklagen. Sie würde sich unterschreiben lassen, dass Klippan und Billy nicht die Schwelle zu unserem Haus übertreten dürfen.

Die Gräuliche will wissen, welche Farbe wir für unser Haus ausgesucht haben. Am Montag müssen nämlich die Pläne bei der Lokalbaukommission eingereicht werden. Und wir streiten seit Wochen darüber, in welcher Farbe unser Holzhaus gebaut werden soll. Ich bin für Rot. Für ein rotes Holzhaus mit weißen Fenstern, voller Ivar und Klippan. Pia ist für Schwarz. Anton für

Blau. Max für Schokolade. Julia überlegt noch. Die Gräuliche ist auch für Schwarz.

Schwarz. Du lieber Himmel. Schwarz ist die CSU, schwarz ist der November-Himmel, wenn er restlos unglücklich ist, Schwarz ist die unendliche Einsamkeit des Universums, schwarz ist das Ende.

»Schwarz«, doziert Pia, »vereinigt alle Farben in sich.« Das hat sie aus dem Buch. Julia sagt: »Das ist toll. Dann kriegt jeder seine Farbe.« Julia, Pia, die Gräuliche: Drei für Schwarz. Ist das ein Wahnsinn. Das ist die Hölle des Designs. »Schwarz kommt nicht in Frage. Nur über meine Leiche«, sage ich, »nur über meine schwarz verkohlte Leiche, über meinen schwarz verhängten Sarg und über all die schwarzen Trauerbinden, die ihr tragen werdet an meinem schwarzen Grab. Schwarz. Ihr spinnt wohl. Nur über meine Leiche.«

Andere Ikea-Köttbullar-Fans blicken sich interessiert nach uns um. Pia sagt: »Sssscht. Die gucken schon alle.«

Ich wiederhole etwas leiser, aber wie ich finde, doch sehr präzise, scharf und bestimmt: »Auf keinen Fall schwarz. Ist das klar?«

Ein Mann, ein Wort.

Manchmal sollte man keine Biographie haben, sondern eine Art szenische Zusammenfassung. In Filmen geht das. Da wird dann ein Mann gezeigt, der etwas sagt, Dinge wie »Nicht mit mir« oder »Auf gar keinen Fall« und dann, zack, Vorblende. Eine Vorblende mit der für den Zuschauer im Kino gut lesbaren Unterzeile

»Sechs Monate später«. Und dann kommt eine Szene, die deutlich macht, dass es eben doch ganz gut mit ihm gegangen ist. Beziehungsweise: dass »auf keinen Fall« im Leben oft so übersetzt wird: in jedem Fall. Das ist die Du-wirst-eh-nicht-gefragt-Vorblende.

Zum Beispiel: Als Julia zur Welt kam, habe ich einen wunderbaren alten Mercedes, Baujahr 72, gefahren. In Erbsensuppengrün mit braun getönten Scheiben und einem Lenker, groß wie ein Steuerrad für einen Mississippi-Schaufelraddampfer. Ein kultiges DJ-Auto also. Spitze. Ich habe ihn geliebt, meinen Strichachter, wie wir Mercedes-kenner dazu sagen.

Dann kam Julia, weshalb Pia sagte: »Verkauf doch dein DJ-Auto. Was wir jetzt brauchen, ist ein Kofferraum für den Kinderwagen und Airbags vorne und hinten und eine Klimaanlage. Den VW-Touran finde ich gut. Der hat so ein klares Design, ist nicht zu groß, nicht zu klein und sieht sehr zuverlässig aus. Was meinst du, Schatz?«

Der Schatz sagt: »Einen VW? Einen Touran? Bist du verrückt? Einen fahrbaren Backstein? Nur über meine Leiche.«

Das ist der Zeitpunkt für die Vorblende. Gäbe es so eine Vorblende von Haus aus, würde man sich viel Kummer ersparen. Zum Beispiel müsste man dann nicht wochenlang durch Autohäuser ziehen, und man müsste sich keine Prospekte schicken lassen, man müsste keine Internetforen besuchen und auch nicht nach tollen Youngtimern auf dem Automarkt Ausschau halten.

Ein überirdischer Regisseur, man könnte ihn Gott nennen, würde dann einfach im richtigen Augenblick die Vorblende laufen lassen. Man sagt also zum Beispiel: »Nur über meine Leiche.« Und, zack, sieht man sich in einem VW-Touran sitzen, der hat Airbags vorne und hinten, ist nicht zu klein und nicht zu groß, während Pia mit zufriedenem Gesichtsausdruck an der neuen, tollen Klimaanlage herumspielt. Untertitel: »Sechs Monate später«. Mein Leben hat oft diesen Untertitel, wenn ich »nur über meine Leiche« sage. Und aus dem Off ist gerne ein Kichern zu hören.

Aber warum bin ich eigentlich ein »blauer Mensch«, wie Pia findet? »Ich bin rosa.« Das sagt Julia, während sie ihr rosa Eis weglöffelt.

»Warum blau, Pia? Ich finde weiße Häuser gut.«

»Und so normal.«

»Was ist schlecht an normal?«

»Es ist auch normal, dass die Leute Blutwurst essen, Volksmusik hören und rechtsradikale Parteien wählen. Die Normalität ist oft nur Blödsinn. Vanillegelb sind die Häuser auch. Willst du Vanillegelb.«

»Nein«, sage ich.

»Siehst du«, sagt Pia.

»Streitet ihr?«, fragt Julia. Und dann, aus strategischen Gründen: »Warum ist Papa blau?«

Pia sagt: »Dein Papa ist blau, weil der blaue Typ ein ernsthafter, in sich gekehrter, objektiv denkender Mensch ist, der Wert auf Stille, Harmonie und Ausgeglichenheit legt. Bundespräsidenten, Verfassungsrichter – das sind alles blaue Menschen.«

Und dann zitiert sie weiter aus ihrem schlauen Buch: »Klar strukturierte Gedanken und Sachlichkeit sind für den blauen Menschen von Bedeutung. Chaotische, unkontrolliert rauschhafte Zustände lehnt er ab. Wilden, unüberlegten Leidenschaften ist er abhold.«

Jetzt kichern beide. Sogar Julia ist klar, dass ihre Mutter von sich selbst spricht. Pia ergänzt noch: »Der blaue Mensch hat jedoch keine Probleme mit chaotischen Menschen.« Das sagt sie mit einem Lächeln in meine Richtung. Chaotische Menschen sind, glaube ich, gelb. »Oder rot? Pia, sind chaotische Menschen rot?«, frage ich.

»Nein«, sagt Pia, während wir aufstehen, um unsere 500 Teelichter zu holen und meinem alten Kumpel Ivar Hallo zu sagen, »chaotische Menschen sind erbsensuppengrün.« Wir lachen und fahren nach Hause. Dort frage ich mich zum tausendsten Mal, wer sich eigentlich für dieses unfassbar quietschige Grün im Wohnzimmer entschieden hat. Pia sagt, ich sei das gewesen.

Wir sitzen also in diesem Wohnzimmer, von dem Pia immer sagt, es sei das »grüne Zimmer«, weil das so hübsch klingt. Außerdem hört sich das so an, als hätten wir auch noch einen blauen Salon. Das Grün leuchtet dermaßen intensiv, dass ich vermute, die chinesische Mauer und unser grünes Zimmer, das sind die beiden Dinge, die man vom Mond aus am besten erkennen kann. Freunde haben einmal gefragt, ob man davon nicht Kopfschmerzen bekommt, so auf die Dauer.

Es ist so eine Sache mit der Farbe. Im Lexikon der Farben und Symbole kann man nachlesen, dass dieses besondere Grün, es besteht aus »Yellow green« (RAL Nr. 6018), »Luminous yellow« (1026) und ungefähr noch aus einem Dutzend weiterer Farbtöne, dass dieses besondere Grün für triebhaft-chaotisches Wachstum steht. Blaue Menschen lesen gern im Lexikon. Grüne nicht.

»Auf Menschen mit einer temperamentvollen Persönlichkeit wirkt der blaue Typ häufig kühl oder sogar gefühllos«, liest Pia vor.

»Siehst du«, sage ich, »ich bin kein blauer Typ. Ich habe Gefühle.«

Wenn ich zum Beispiel an unser Haus in Schwarz denke, fühle ich eindeutig etwas: Ich fühle mich dann alt. Ich fühle mich krank. Ich fühle mich in Gefahr. Ich fühle das Ende nah.

Unsere Wohnung, muss man wissen, ist im Prinzip die schönste Wohnung von ganz München. Auf der einen Seite des Flurs gibt es drei große Zimmer, die alle miteinander verbunden sind. Wenn die Türen offen stehen, hat man das Gefühl, in einem Piranesi-Traum zu wohnen: Ein Zimmer ist immer auch das andere Zimmer. Und in jedem Zimmer steht ein großer, alter Kachelofen – jeder in einer anderen Farbe. Damals, als wir in die Ismaninger Straße gezogen sind, stellten wir uns vor, dass man nicht von einem Zimmer ins andere gehen würde, sondern von einem Ende des Farbregenbogens zum anderen.

»Ich will kein schwarzes Haus, Pia«, sage ich plötzlich, während Pia mit Hilfe ihres Buches über die Nuancen von Schwarz nachgrübelt. »Ich finde, wir leben hier in einem wunderbaren Pop-Poesie-Album. Wir leben in Giftgrün, Melonengelb, Maisgelb und Blutorange. Wenn die 70er Jahre je ein Zuhause hatten – dann ist es die Ismaninger Straße.«

Pia seufzt. Dann sagt sie: »Wir schlafen mal drüber. Morgen ist auch noch ein Tag.« Ich weiß nicht, ob sie weiß, dass sie diesen Satz, den sie oft sagt als blauer und vernünftiger Mensch, mit Scarlett O'Hara aus »Vom Winde verweht« gemeinsam hat. Nachts träume ich von Erikaviolett und Orientrot.

Es ist Sonntag. Auf dem Frühstückstisch liegt ein Farbfächer, dazu die »Colour Collection 3031« mit kleinen bunten Kartons. Pia zieht niemals in einen Krieg, wenn sie nicht weiß, dass sie ihn schon gewonnen hat. Nach all unseren Ehejahren: Ich unterschätze sie immer noch. Müde und unrasiert greife ich mir einen Stuhl. Julia schiebt mir ein Spiegelei zu. Max haut Anton auf die Nase, Anton haut Max auf die Nase. Beide heulen, und Pia sagt: »Wie wäre es nun mit Schwarz. Weißt du, kein richtiges Schwarz. Eher ebenholzfarben.«

Ich sage nichts. Schlürfe Kaffee und lese den Beipackzettel zum Farbfächer, der »auf der Grundlage intensiver wissenschaftlicher Arbeiten über die Anforderungen an Farbe in der Architektur« entwickelt wurde: »Er berücksichtigt die Anforderungen unserer Zeit ebenso wie zyklische Trends, aber auch demografische, historische und kulturelle Aspekte.«

Das beruhigt mich gar nicht. Nur blaue Menschen halten etwas von zyklischen Trends. Überhaupt besteht das Problem darin, dass Farbtäfelchen hauptsächlich aus Täfelchen bestehen, also höchstens zwölf auf vier Zentimeter groß sind. Und obwohl unser Haus von allen schon jetzt »das schmale Haus« genannt wird: Die Wände sind etwas größer als die Täfelchen und Fächer.

Ich wollte, ich könnte mir ein rotes Leben erfinden. Oder ein blaues. Oder ein grünes.

»Warum nicht rot«, frage ich Pia, »rot mit weißen Fenstern. Das wäre lustig.«

»Dann sieht es aus wie ein Schwedenhaus«, sagt Pia.

»Genau. Schön.«

»Aber wir leben nicht in Schweden«, sagt sie.

»Aha«, sage ich, »und Obermenzing ist also schwarz.«

»Fängst du schon wieder an?« Pia macht Toast. »Noch jemand Toast?«

Ja ich, denke ich, schön schwarz bitte. Aber dann versuche ich es andersherum: »Du siehst eigentlich aus wie eine Schwedin. Wie eine schöne blonde Schwedin.«

Pia lacht, und Julia lächelt zufrieden, aus dem Jungs-Zimmer ist fernes Geheul wie ferner Kanonendonner zu hören, den man aber erst in zehn Minuten richtig ernst nehmen muss, wenn die Front näher kommt. Dann blättert Pia wieder in ihrem Farbbuch. Pia kann gar nicht genug kriegen von Design-Zeitschriften, Architekturbüchern und Wohnfibeln. Mir und 200 Millionen anderen Menschen reicht der Ikea-Katalog.

Dann nehme ich das Buch und erfahre daraus, dass nächtliche Knirscher die Farbe Grün »hochsignifikant ablehnen«, während 13-Jährige, die erwachsen zu Delinquenten wurden, an ihrer »Schwarz-Gelb-Signifikanz« schon von weitem zu erkennen gewesen wären. Grau, teurer Freund, denke ich, ist alle Theorie. Aber ich halte den Mund. Das mit dem Schwarz rede ich Pia schon noch aus. Wir können der Lokalbaukommission ja mal Schwarz angeben, und dann rede ich das Pia schon noch aus. Da ist sie wieder, die Stelle mit der Vorblende.

Im Grunde ist es eine herrliche Zeit: die Monate vor dem Hausbau. Man ignoriert die Fernsehnachrichten über Schrott-Immobilien und den einbrechenden amerikanischen Einfamilenhausmarkt, man ignoriert so gut es geht, dass man in einiger Zeit Randstädter, wenn nicht Vorstädter sein wird, man denkt sich dies und jenes aus für das neue Haus, fährt ab und zu bei Billy und Klippan vorbei, man fragt sich, welche Farbe einem gefällt, was für Möbel man will, wie man leben und wer man sein könnte... und dann hört man wieder das Kichern im Himmel. Es stammt vom großen Regisseur, vom Mann mit der Vorblende, der mit Pia im Bunde ist. Beide wissen, dass ich schon bald in einem Haus leben werde, das angeblich ebenholzfarben gestrichen ist. Andere würden »Schwarz« dazu sagen.

Es ist Januar geworden. Die Zeit der Träume ist vorbei. Am ersten Februar soll der Bagger kommen. Es wird also ernst. Wozu schon wieder dieses leise Kichern zu hören ist.

14. Kapitel, in welchem ein Tieflader eine Zukunft mit Dach und Fenstern sowie viele schlaflose Wochen liefert, die Nachbarn irritiert sind, das Richtfest trotzdem gefeiert und der Obermenzinger Gartenschuppenkrieg nach heftigen Gefechten von der Lokalbaukommission entschieden wird.

»Mir ist schlecht.« Anton, unser Junge mit dem sensiblen Magen, dem wir auf dem Weg über die Alpen Richtung Italien die Bekanntschaft mit mehreren Nothaltebuchten verdanken, bringt das gerade noch hervor. Was danach aus ihm hervorkommt, ist das Übliche. Das wäre nicht tragisch. Aber ich habe mir den Spatenstich feierlicher vorgestellt.

Anton erbricht sich auf unser Grundstück, etwa dorthin, wo später mal das große Sofa in der Wohnküche stehen soll, und direkt vor die Füße des Bauleiters. Hans Wumme, den man praktisch nie ohne seine gelben Gummistiefel zu sehen bekommt, was ihn zusammen mit den rötlichblonden Haaren und seinem ewiggrünen Janker wie eine Ampel aussehen lässt, beweist Gelassenheit. Er bleibt einfach stehen.

Das beruhigt mich, weil ich denke, dass Wumme unser wichtigster Mann sein wird. Ein Bauleiter muss starke Nerven haben. Ein Bauleiter, der das schmalste Einfamilienhaus der Welt bauen soll, muss zudem ein Titan sein. Und ein Bauleiter, der jetzt lange Monate mit der Gräulichen zusammenarbeiten soll, muss außerdem über Qualitäten eines Stoikers verfügen. Wumme sieht mir ganz nach Idealbesetzung aus. Des bleichen Antons Botschaft an das Bauvorhaben verscharrt er wortlos im Schnee.

Es ist Ende Februar. Eigentlich sollte noch im Vorjahr der Keller gebaut werden, aber seit Wochen ist es zu kalt, um mit dem Arbeiten zu beginnen. Pia kümmert sich um Anton. Max und Julia bewerfen sich juchzend mit Schneebällen, Wumme bespricht sich mit Baggerfahrer Damaschke, und ich frage mich, wo der Spaten ist, mit dem ich in meiner Eigenschaft als Bauherr gleich den Spatenstich zelebrieren soll. Die Gräuliche ist nicht gekommen. Wie sich denken lässt, mag sie Baustellen nicht so besonders. Die sind ihr zu unaufgeräumt.

»Welcher Spaten?«, fragt Wumme und gibt statt dessen Damaschke ein Zeichen, woraufhin sich eine Greifkralle aus Eisen durch den Schnee und in das immer noch ziemlich steif gefrorene Erdreich baggert. Hinein in unsere Scholle, hinein in Pias Traum von Haus und Hof.

Der Bagger hört auf mit seinem Gekreisch. Und das war's, das war der Spatenstich: Anton kotzt, Wumme ruht in sich, und Damaschke lässt seinen Bagger leerlaufen. Spatenstiche im Fernsehen sehen anders aus.

»Was willst du?«, will Pia wissen, »Hauptsache, die bauen jetzt schnell den Keller.« Sie sieht das pragmatisch, piamäßig eben. Ich sehe das feierlich. Schließlich wird jetzt das gebaut, was ich nie haben wollte. Die

Kreditbank schreibt mir schon jetzt ständig Briefe, um mich daran zu erinnern, dass ich ihr nun mit Haut und Haaren gehöre; ein Amt zur Vergabe von Adressen will mir keine Adresse geben, solange nicht die Eingangstür von unserem Haus steht; dazu aber brauche ich einen Bescheid der Lokalbaukommission, um die Eingangstür bauen zu lassen, und den Bescheid kriege ich erst, wenn ich die genaue Adresse angeben kann. Ist in dieser Situation ein wenig Feierlichkeit zu viel verlangt? »Ja«, sagt Pia, während Wumme schweigt und Damaschke eine rauchen geht.

Drei Wochen später steht der Keller. Ich stehe eines Abends stolz vor dem Grundstück und mache mir gerade Gedanken über die Lage der Weinvorräte, da radelt ein Nachbar herbei, Herr Struntz. Er finde es komisch, sagt Struntz, dass der Pool hier vorne an der Straße sei. »Das wird kein Pool«, erkläre ich.

»Kein Pool? Was wird das dann?«

»Das wird unser Haus.«

»Ein Haus?«, fragt Struntz ungläubig, »für's Auto?«

»Nein«, sage ich, »ein Haus für uns, zum Wohnen.«

»Echt?«

»Echt.«

»Und der Pool?«

»Gibt keinen Pool.«

»Echt? Na dann.« Struntz schaut mich sorgenvoll an und fragt sich, jedenfalls seinem Gesichtsausdruck nach, ob sein Grundstück weniger wert sein wird, sobald wir uns in seiner Nachbarschaft niederlassen.

Die Architektin warnt uns. Die Bauzeit, sagt die Gräuliche, »ist die Zeit der Maßstabssprünge«.

»Mal wird Ihnen das Haus ganz klein erscheinen, dann wieder ganz groß.« Pia sagt: »Soso.« Ich sage nichts. Anton überlegt, ob man das Haus wohl aufpumpen und kleinmachen könne wie eine Luftmatratze. Das würde ihm gefallen. Mir auch, denn dann könnte man es in Obermenzing kleinmachen und an der Ismaninger Straße wieder aufpumpen.

Vier Wochen nach dem von Anton, Wumme und Damaschke sabotierten Spatenstich kriegt der Keller einen Deckel. Am Blumenauer Weg grünt es allmählich, und Julia ahnt schon jetzt, dass ihr Heuschnupfen in Obermenzing eine inspirierende Heimat finden wird.

Der Deckel vom Keller ist das, worauf wir in Zukunft wohnen sollen. Ich stehe davor und frage mich, ob auch nur das Sofa auf den Deckel passt. Zu schweigen vom Klavier, vom Tisch, vom Schrank, von Bildern und Büchern und einer Flasche Wein. Der radelnde Struntz fährt vorbei und kichert. Ich fahre sofort nach Hause, in die Ismaninger Straße, um umzuplanen. Alles muss ganz anders möbliert werden. Pia lässt mich machen. Nun kommen die Wochen, in denen immer alles ganz anders werden muss.

Mir wird klar, dass alles im Leben mit allem im Leben zusammenhängt. Zum Beispiel das Klavier. Weil wir oben im Haus so wenig Platz haben werden, soll es im Keller stehen. Es zeigt sich aber, dass wir im Keller, weil wir oben so wenig Platz haben im Haus, so viel Platz für Schränke brauchen, dass das Klavier doch nicht im Keller stehen kann. Außerdem findet Pia, dass ich meine Unmusikalität nicht am Klavier auslassen soll. Also plane ich das Klavier für den Spielflur oben vor den Kinderzimmern. Dann passt aber die Truhe, die dort stehen soll, nicht mehr in den Flur, weshalb sie in unser Schlafzimmer zieht. Dort verdrängt sie jedoch den Wäscheschrank, der nun in den Keller kommt, weshalb dort ein anderer Schrank wieder nach oben muss. Aber wohin? Ich schlage den Spielflur vor, Pia nickt, und ich sage ihr, dass jetzt das Klavier in den Keller muss. Pia wirft mit der Serviette am Küchentisch nach mir. So geht das ein paar Tage, dann beschließt Pia, dass wir uns erst an Ort und Stelle und im fertigen Haus entscheiden werden.

Ich ahne, dass wir vor unserem fertigen Haus und am Tag des Umzugs den größten Trödelmarkt organisieren werden, den Obermenzing je gesehen hat.

Die Ismaninger Straße macht zu dieser Zeit einen verdüsterten Eindruck. Sie scheint zu ahnen, dass sich Pia mehr und mehr zum Blumenauer Weg als zu ihr hingezogen fühlt, weshalb an diesem Tag wieder einmal ein Zettel im Treppenhaus hängt, demzufolge wieder einmal die Gleise der Linie 18 saniert werden sollen, weshalb uns in einigen Wochen, im Sommer, wieder einmal Gestank und Dreck und fest verschlossene Fenster martern dürfen.

Das heißt: Max findet diese Wochen, die sich im Jahresrhythmus wie das Frühlingsfest oder eine andere saisonale Plage ereignen, immer toll, weil ich dann manchmal, wenn die Teermaschine nachts um halbeins Radau macht, mit rohen Eiern aus dem dritten Stock nach der Höllenmaschine werfe. Beides findet der Hool schön: den Radau und meine Wehrhaftigkeit. Morgens muss ich ihm dann immer die Eierschalen auf der Straße zeigen und ihm versprechen, dass ich ihn beim nächsten Mal wecke und mitbombardieren lasse. Mache ich natürlich nicht. Das ist nichts für Kinder.

Pia ist die Eieraktion immer peinlich, und sie droht jedes Jahr damit, mich bei der Polizei anzuzeigen. Ich dagegen will, dass alle Familienmitglieder bei Einbruch der Dämmerung mit Wasserpumpguns an den Fenstern Posten beziehen, und ich denke über die Möglichkeit nach, flüssiges Pech wie im Mittelalter vom Dach regnen zu lassen. Pia sagt seit Jahren im Sommer nur: »Es wird Zeit, dass wir wegziehen.« Das stimmt natürlich, aber, unglaublich, angesichts der Ankündigung im Treppenhaus weiß ich an diesem Tag schon, wie sehr mir das Ritual fehlen wird.

Überhaupt setzt bei mir zunehmend Melancholie und bei Pia ebenso zunehmend Heiterkeit ein. Einerseits naht der Abschied von der Ismaninger Straße, und andererseits warte ich immer noch darauf, dass der Kellerdeckel mal den Maßstab ändert und groß erscheint. Es wird Zeit, dass der Tieflader kommt.

Unser Haus kommt wie vom Versand. Es ist ein Holzhaus, bei dem die Wände und Decken und das Dach in einer Art Hausfabrik gebaut werden, fix und fertig, mit Fenstern und allem. Dann werden die Fassadenteile auf die Straße geschickt, um an Ort und Stelle zusammengeschraubt zu werden. Das fasziniert mich.

Pia findet das noch etwas befremdlich. Aber, sage ich zu ihr während der Planungszeit, wozu sogar die Gräuliche nickt: »Holz ist Öko, die Dämmwerte sind prima, und die Vorfertigung ist eine schnelle Baumethode, weshalb wir nicht mehr so lange Miete zahlen müssen. Also?«

»Aber«, sagt Pia, »das ist ein Fertighaus. Ich will ein richtiges Haus.«

»Nein«, sagen die Gräuliche und ich synchron, »das ist ein ganz individuelles Haus – wie vom Schneider.«

Mir ist klar, warum Pia so zickt. Für sie bestehen Häuser aus Stein und aus Ewigkeit. Man soll ihnen ansehen, dass man aus ihnen nie mehr ausziehen muss. Für mich ist es genau umgekehrt: Holzhäuser kann man mit der Säge bearbeiten und sie auf Tiefladern auf die Reise schicken. Sie sehen aus, als ob man damit mobil bleiben könnte.

In Pias Bücherstapel neben ihrem Bett, der langsam abschmilzt, weil viele Wohnwünsche schon realisiert wurden (»Kleine Häuser«) oder sich als endgültig utopisch herausgestellt haben (»Die Villa«), finde ich schließlich auch ein Buch über die Geschichte des Fertighauses.

Darin wird von einem gewissen Buckminster Fuller erzählt, einem Amerikaner, der auf heitere Art zum Teil irre und zum Teil genial gewesen sein muss. Herr Fuller war sehr klein, nur 157 Zentimeter groß, was ihn aber nicht daran hinderte, sich für den Größten zu halten. Auf Dinner-Parties erschien er meistens in Khaki-Shorts, er flog von der Uni in Harvard wegen »Verantwortungslosigkeit und Desinteresse«, und alle seine Jobs (Monteur, Transportarbeiter, Hilfskassierer, Marine-Kadett, Redakteur, Exportmanager, Flugzeugpilot und Firmengründer, aber das ist nur eine kleine Auswahl) erwiesen sich als nicht-das-Richtige. Richtig interessierte er sich eigentlich nur für die Frage, wie das Universum funktioniert, und das Thema »Wohnen am Nordpol«. Ungeheuer sympathisch ist das. Im Jahr 1927 gründete er deshalb die Firma »Stockade Building Co.« und ernannte sich zu ihrem Präsidenten. Der Präsident hatte eine prima Idee: Er wollte in New York Häuser bauen lassen, die man im arktischen Sommer Zeppelinen unterschnallt, dann rüber zum Nordpol fliegt, wo man sich noch aus der Luft (die glücklichen Hauskäufer dürfen mitfliegen) ein geeignetes Grundstück erwählt. Dann wird das ganze Haus wie eine Bombe abgeworfen und festgeschraubt. Gardinen und Briefkasten vollenden den Umzug. Fuller schrieb in seinem Tagebuch: »Weg fährt der Zep, um einige weitere Auslieferungen zu machen.« An anderer Stelle heißt es: »Uns« – denn Herr Fuller sprach gern im Pluralis majestatis von sich – »uns beschäftigt vor allem das Andocken von erstklassigem Wohnraum auf der Erdoberfläche.« Weg fährt der Zep, denke ich beim Lesen der Fuller-Story und finde den Mann toll. Leider macht seine Firma nach wenigen Tagen ihrer Existenz Pleite. Vom Zeppelin-Fertighaus hat die Welt danach nie wieder etwas gehört. »Schade, wirklich schade«, sage ich zu Pia. Und Pia sagt: »Natürlich nicht. Alles Blödsinn.«

Unser Haus, das der Laster und nicht der Zep bringt, ist trotzdem aus Holz. Es ist eine Frage des Preises. Ich hätte nie geglaubt, dass mir Pias niederrheinische Sparsamkeit mal willkommen sein könnte. »In Ordnung«, sage ich zu mir selbst, »werde ich also Hausbesitzer, sei's drum. Aber! Aber das Haus besteht aus leichten Brettern. Man muss nur Räder dran machen. Notfalls könnte man die Adresse in Obermenzing auch mit einer am Nordpol ersetzen.« Ich gebe zu, dass damit nicht viel gewonnen wäre. Es geht nur ums Prinzip. Indianer würden mit dem Zep umziehen oder Häuser, wenn sie nicht aus Tierhäuten sein können, aus Holz haben. Wenigstens.

Es ist ein Mittwoch, an dem der Tieflader mit unserem Haus in den Blumenauer Weg einbiegt, ein paar Straßenschilder ramponiert und die Nachbarn zu Tode erschreckt. In vier Stunden steht das Erdgeschoss, am Donnerstag wird das Dach aufgesetzt, am Freitag steht unser Haus dort, wo zuvor nur ein unbewohnbarer Einödkellerdeckel lag. Es ist unglaublich. Ich bin restlos begeistert und wandere durch die Räume, wobei ich denke: »mein Haus«. Ein paar Minuten lang bin ich glücklich. Dann sehe ich die kaputte Treppe, die falsch eingebauten Fenster – und ist das etwa ein Riss, da im Blechdach? Es fängt an: das Fegefeuer der Bauschäden, der Nachträge, der Zusatzkosten und der Minderungsverhandlungen. Und das Fegefeuer nachbarschaftlicher Kommentare. Ich weiß nicht, welche Hölle schlimmer ist.

Fast glaube ich, dass ein Haus aus »vorgefertigten Elementen«, wie unsere Hausbaufirma es formulierte, die sich Baugut GmbH nennt, um den Begriff »Fertighaus« elegant zu umschiffen, dass so ein Instant-Haus ein psychologisches Problem für die Nachbarschaft darstellt. Vielleicht reagiert unsere neue Umgebung deshalb so gereizt. Erstens wegen der Farbe, was man bei Schwarz ja auch verstehen kann, und zweitens, weil das Haus nicht langsam entsteht, sondern quasi aus dem Hut gezaubert wird. Das ist den Leuten unheimlich. Das ist das Gegenteil vom zeitgenössischen Phänomen des Softopenings. Das ist sogar ziemlich rüde. Und zack! Binnen drei Tagen sieht der Blumenauer Weg anders aus als in all den Jahren zuvor. Weg fährt der Zep. Kein Wunder, dass die alteingesessene Blumenauer Bevölkerung empfindsam reagiert.

»Ich habe nur eine Frage«, blafft mich eines Abends jemand vor unserem Haus an, »bleibt das so?« Ich sage: »Hm, ja, warum nicht.«

»Weil«, sagt der Blaffer erregt, »weil das Haus so hässlich ist. Das finden alle hier. Nichts für ungut.« Ich weiß nicht, was ich darauf erwidern soll. Eigentlich möchte ich antworten, dass mir wurscht ist, was die minderbemittelten Ureinwohner einer so offensichtlich rückständigen Randzone finden oder nicht finden, ich möchte dem Blaffer einen Vortrag über die zivilisatorischen Leistungen der Stadt als Katalysator kulturellen Austausches halten, aber in einem Anfall von Diplomatie sage ich nur: »Ja, das kann man natürlich so oder so sehen.«

»Nein«, sagt der Blaffer, »man kann's nur so sehen.«
»Wie sehen?«
»Es ist hässlich. Ein Schandfleck.«
Jetzt werde ich wütend. Niemand beleidigt mein Haus. Ich mache einen Schritt auf den Blaffer zu. Da geschieht ein Wunder. Aus dem Haus von schräg gegenüber kommt ein junges Paar, das sich als absolut innenstadttauglich erweist. Sie gratulieren mir zum Haus und weisen den Blaffer in die Schranken: »Endlich mal was anderes. Seien Sie nicht so intolerant.« Dann kommen weitere Passanten dazu, und plötzlich diskutiert die Gemeinschaft des Blumenauer Weges, ob man das Haus nun so oder doch so sehen müsse. Mit knapper Mehrheit werden wir als vollwertige Mitglieder auf Bewährung akzeptiert. Ich fühle eine beklemmende Dankbarkeit und freue mich über den Großmut meines Gastlandes. Der Blaffer erweist sich in den folgenden Wochen als eine Art Vororthistoriker, der mir die Geschichte Obermenzings rauf und runter erzählt. Pia hört ihm immer begeistert zu, und Pia zuliebe sagt

der Blaffer eines Tages: »Warum auch nicht. Schwarz, hm. Endlich mal was anderes.«

Pia und ich, Max, der Hool, der wie geschaffen ist für Baustellen, auf denen man, wie offenbar auf unserer, ungestraft wüten kann, dazu Anton und Julia: Wir laden unsere Umgebung zum Richtfest ein. Fast alle kommen, sogar Herr Strunz und der Blaffer. Es ist ein schöner, schon heißer Tag am Wochenende. Pia hat liebevoll Biergarten-Garnituren in den ausgetrockneten Matsch rund um unser Haus gestellt. Die Tische biegen sich unter dem Essen, das sie auffährt. Sie sagt, es sei wichtig, wie man sich präsentiert. Und dass immer mehr gegessen wird, als man denkt.

Den Richtspruch erledigt Wumme wie nebenher und nuschelt was von Holzgeistern. Er steht oben auf dem Gerüst, das unser Haus umgibt wie ein Mikado-Spiel für Riesen. Wichtig ist, dass das Weinglas, das er auf den Boden schmettert, zerbricht. Bleibt es heil, ist das ein schlechtes Zeichen. Zum Glück ist Wumme ein Bär. Er schleudert das Glas mit brachialer Kraft zu Boden, wo es in tausend Scherben zerstiebt. Ich atme auf. Ich bin der Abergläubische in der Familie. Dann führe ich die Nachbarschaft durchs Haus. Alle sind begeistert oder tun wenigstens auf überzeugende Art so. Nur Anton verbringt diesen schönen Tag im Keller. Ein Nachbar fragt ihn, was er am schönsten findet am neuen Haus, und Anton sagt bierernst: »Keller«. Der Nachbar wirft mir einen langen Blick zu.

Insgesamt hat sich die Nachbarschaft darauf geeinigt, dass die Bewohner des schwarzen Hauses im Grunde nett sind, dass sie aber kein Geld und keinen Geschmack haben. Mit diesem Urteil kann ich leben.

Das gilt nicht für die Lokalbaukommission. Die hat zwar unser Haus genehmigt, nicht aber das Gartenhaus. Und weil das Fundament fürs Gartenhaus im April gelegt wird, fordert eine Nachbarin, die uns informiert, sie lasse sich so leicht nichts gefallen, Aufklärung. Wir klären auf und sagen, dass Gartenhäuser keine Genehmigung brauchen.

»Aber das Gartenhaus verdirbt mir die Sicht. Das dürfen Sie nicht bauen. Und wo das Haus ja schon so... schwarz ist...«

Sie lässt sich nicht beirren. Die Lokalbaukommission wird eingeschaltet und prüft. Und prüft. Und prüft. Und dann kommt der Anruf. Und der Obermenzinger Gartenhauskrieg kann endlich in die Geschichte eingehen. Er gehört zu den großen tragischen Konflikten der Neuzeit.

Ich bin am Telefon, es ist schon Mai. Mehr als das Fundament ist vom Gartenhaus nicht zu sehen. Die Baugut GmbH hat dazu geraten, erst mal den Streit zu regeln.

Nicht, dass man das schöne Gartenhaus dann wieder abreißen muss.

Nicht, dass ich ein Gartenhaus-Fetischist wäre.

Aber wir brauchen es. Unbedingt. Schließlich können wir wegen des schmalen Grundstücks einerseits und der Formempfindsamkeit der Gräulichen andererseits keine Garage bauen. Und eigentlich wollen wir auch keine Garage, weil wir finden, dass die Menschen wichtiger sind als die Autos. Nur haben unsere drei Kinder zusammen etwa 20 Fahrgeräte, darunter das Einrad von Julia, das Tretauto von Max, das Skateboard von Anton, dazu die Fahrräder von uns allen, den Kinderfahrradanhänger, Inlineskates von Anton und Julia, einen Hüpfball von Max, dazu dies und das, solange es der Fortbewegung dient. Insofern nehmen wir zwar nicht unser Auto wichtig, aber dafür alles andere, was Reifen hat. Ich stelle mir vor, dass ich das alles in Zukunft durch das Haus in den Keller tragen muss, weil eine Nachbarin aus Gründen der Resolutheit nicht auf unser Gartenhaus schauen will.

Am Telefon meldet sich die Stimme des Amtes: »Wir haben ein Problem.« Das ist Herr Moechtgens von der LBK, den ich schon kenne, weil er für Obermenzing zuständig ist. Der Großraum »Münchner Westen« ist sein Hoheitsgebiet. »Wieso wir, Herr Moechtgens, normalerweise sagen Sie mir immer, dass ich ein Probleme habe.«

»Diesmal ist es anders.« Es folgen komplizierte Ausführungen, die in die Abgründe des Baurechts, des Stadtrechts, des Individualrechts und des Naturschutzes weisen. Abgekürzt könnte man das gemeinsame Problem so darstellen: Unser Gartenhaus benötigt eine Ausnahmeregelung, was in Deutschland die Ausnahme ist, weil normalerweise Gartenhäuser, die eine bestimmte Größe nicht überschreiten, frei errichtet werden können. Dieses besondere Gartenhaus am Blumenauer Weg aber nicht, und zwar nicht deshalb, weil es, wie die Nachbarin mutmaßt, von ausgesuchter Scheußlichkeit ist, sondern weil der Blumenauer Weg aus irgendwelchen historisch-vertrackten Gründen grundsätzlich nicht »im Außenraum«, wie es heißt, bebaut werden darf. Komplizierte Sache, die aber zu einer einfachen Schlussfolgerung führt: Alle Garagen, Gartenhäuser, Pools und Mülltonnenhäuschen, die am Blumenauer Weg in den letzten einhundert Jahren errichtet wurden, sind Schwarzbauten und müssten eigentlich abgerissen werden. Denn da die Nachbarin nun mal die Behörde aufgescheucht hat, kann die Behörde nicht mehr zurück: Sie muss eingreifen.

Ich sehe schon den Tag herandämmern, da die Bulldozer halb Obermenzing umgraben. Es wird ein Getöse, ein Drama, Kinder werden weinen um ihre Hasenställe, Männer werden sich mit Schneeschaufeln und Gieskannen der Obrigkeit in den Weg stellen. Der Kampf wird hin und her wogen. Noch von der Stadtmitte aus wird man den Schlachtenlärm hören und eine große Staubwolke im Westen sehen. Und man wird sagen: Pia, Max, Anton und Julia sowie der Typ, der ein Gartenhaus bauen wollte, sind daran Schuld. Oder man wird sagen: Die Behörde ist Schuld. Oder man wird die Nachbarin an den Pranger stellen. Ich vermute, wir alle zusammen werden aus der Stadt gewiesen. Deshalb ist ja auch Moechtgens so zittrig. Er weiß, dass er mir jetzt irgendwie zu einer Ausnahmegartenhausbaugenehmigung verhelfen muss, die so wasserdicht ist, dass die Nachbarin notfalls auch vor dem Bundesgerichtshof scheitert. Moechtgens wäre nicht der gute Beamte, der er ist, wenn er nicht schon eine Lösung hätte: Wir dürfen ein Gartenhaus bauen, allerdings nicht in den vorgesehenen Abmessungen, sondern mit Rücksicht auf Nachbargrundstück und wegen irgendwelcher uralter Wege- und Wasserrechte der Stadt München in einer bizarren Form: Das Gartenhaus muss extrem schmal, extrem lang und extrem hoch sein.

Dann wird es endlich gebaut. Als es fertig ist, versuche ich, ein Fahrrad hineinzuschieben, was nur geht, wenn man es hochkant einstellt. Dann fällt es aber um. Deshalb hat Pia die Idee, Haken vom Dachbalken abzuseilen. Alle unsere Fahrräder baumeln jetzt im Gartenhaus vom Haken, dazu das Gartengerät und ein paar Werkzeuge. Alles baumelt und hängt. Die Kinder lieben das. Es ist, als sei man in einem Himmel voller Vehikel und Werkzeuge. Ich denke darüber nach, auch Schinken und vielleicht Dörrfisch von der Decke des Gartenhauses abzuseilen. Mein Gartenhaus sieht aus wie der Schnürboden im Theater. Es ist noch grotesker als unser Haus, aber das macht auch schon nichts mehr.

Ein Problem ist, dass das Haus erst nicht da war, dann da war und jetzt irgendwie nicht mehr wächst. Von einem

Haus, Pia nennt es inzwischen nicht mehr »schmal«, sondern spricht nur noch vom »kleinen Schwarzen«, das von der Kellerdecke bis zum Dachfirst nur in drei Tagen errichtet wird, erwartet man, das es wie steroidgedopt weiterwächst. Es steht aber nur so da und lässt die Ohren hängen wie ein trauriger Dackel.

Das heißt: nicht die Ohren, sondern die Dachrinnen, die der Spengler nicht richtig hingedreht hat. Ich frage Wumme. Ich frage jetzt immer öfter Wumme und rufe ihn morgens und mittags und abends an. Ich fahre täglich auf die Baustelle, morgens, mittags und abends. Ich nehme Urlaub. Ich kann nicht mehr schlafen, weil ich tausend Probleme habe. Ein Problem sind die Dackelohren vom kleinen Schwarzen. Wumme sagt: »Das muss so sein.« Wumme hat genau drei Sätze drauf. Erstens: »Das muss so sein.« Zweitens: »Das kommt noch.« Drittens: »Ist halt so.«

Wumme und ich sind nicht mehr in der Das-kommt-noch-Phase, wo ich dauernd auf jemanden warte, auf den Elektriker, auf den Maler, auf den Rohbauer, auf den Wegebauer, auf den Gartenbauer, auf den Sanitärer, auf den Schreiner, auf den Fliesenleger oder sonst etwas, was sich endlich mal ereignen könnte wie der jüngste Tag, an dem unsere Handwerker vermutlich wie an allen anderen Tagen unauffindbar sein werden. Wir sind jetzt in der Das-muss-so-sein-Ära, wo die Hinterlassenschaften der stets unsichtbaren Handwerker begutachtet werden.

»Warum muss das so sein? Die Regenrinnen sind

schief. Das sieht doch ein Blinder.« Wumme schaut angestrengt zum Dach hin und erklärt: »Wenn die Rinne gerade ist und es stark regnet, dann könnte es sein, dass sie überläuft. So wie es jetzt ist, läuft die Rinne vom Haus weg über. Weg von der Fassade.«

»Und wenn die Rinne anders gebogen ist, nämlich gerade?«

Wumme schaut mich an, wie ein besonders geduldiger Pädagoge ein Kind ansehen würde, das niemals irgendetwas kapieren wird, aber trotzdem nett und bemüht ist. Er sagt: »Dann läuft der Regen zur Fassade hin über.«

»Und?«

»Dann«, Wumme legt Milde in seinen Blick, »wird die Fassade nass.«

»Und?«

»Nicht gut.«

»Nicht gut?«

»Nicht gut.«

Wumme geht ins Haus, weil alles gesagt ist. Wumme ist ein Mann der Tat, aber einer mit pädagogischem Geschick. Das kleine Schwarze wird also für immer ein wenig an einen traurigen Dackel erinnern.

Wumme lässt sich übrigens nur einmal, ein einziges Mal, dazu hinreißen, anzudeuten, was er von der Gräulichen hält. Das ist jetzt der Fall. Er sagt: »Dachüberstand wäre gut. Geht aber nicht wegen der Architektur oder?«

Das meint er rhetorisch. Insgeheim gebe ich ihm Recht. Dachüberstand wäre gut. Geht aber nicht wegen der Architektur.

Manches geht nicht wegen der Architektur, manches geht nicht, weil sich das deutsche Handwerk nicht bereit erklärt dazu. Zum Beispiel will niemand unsere Steckdosen so anbringen, dass sie gerade sind. Als läge ein Fluch auf geraden Steckdosen. Vielleicht ist das ein uralter Aberglaube der Steckdosenanbringer-Innung.

An einer gut sichtbaren Stelle über dem Küchenblock, haben wir zwei Lichtschalter und vier Steckdosen in Reihe. Es ist ein mathematisches Wunder, aber der Elektriker schafft es, diese sechs Schalter und Dosen in sieben verschiedenen Höhen zu positionieren.

Das ist noch gar nichts, findet Pia. Sie erinnert mich an den schiefen Turm von Pisa, an die Tempel der Griechen, die reihenweise eingestürzt seien, weil man damals halt einfach ausprobiert habe, ob sie, je nach statischer Belastung, stehen bleiben oder nicht. Oft sei dann der Fall »oder nicht« eingetreten.

Ich könnte also froh sein, sofern unser Haus wenigstens stehen bleibt. Dennoch werde ich zu diesem Zeitpunkt ein wenig manisch. Ich fotografiere mit dem Handy alles, was mir irgendwie schief, falsch oder kaputt vorkommt. Ich sammle mit dem Eifer des Jägers schlimme Dinge, die ich dann mindern will. Ich will Tausende und Abertausende Euros mindern. Ich bin ganz scharf auf schiefe Wände, wacklige Schalter und die falsche Farbe, die falsche Badezimmerarmatur und falsche Fenstergriffe. Ich werde immer kleinlicher, je fertiger das Haus wird.

Ich mache aber auch Fotos, die mir gut gefallen. Es beginnt die Leidenszeit meiner Kollegen in der Redaktion, denen ich jeden Tag neue Handy-Fotos von schönen Ansichten zeige. Pia sagt mir, dass ich der einzige Mensch sei, den sie kenne, der keine Bilder von seinen Kindern bei sich habe, aber jederzeit einen zweistündigen Handy-Bilder-Vortrag über sein Haus halten könne.

Abends zeige ich dann Pia trotzdem meine Mängel-Beute. Pia sagt: »Wo? Ich sehe nichts.«

»Na da, der Riss.«

»Welcher Riss. Da ist nichts.«

»Das liegt nur am Handy. Das fotografiert so schlecht. Aber da geht ein Riss durch unser Haus, ein Riss wie die San-Andreas-Verwerfung, die Los Angeles bedroht. Ich schwöre es dir.« Das will Pia sehen. Wir fahren raus zum Grundstück. Den Weg kann ich inzwischen im Schlaf. Ich weiß, dass ich bei Apotheke Nummer 3 rechts und bei Baumarkt Nummer 7 links abbiegen muss. Ich zeige Pia den Riss zwischen Schlafzimmer und Spielflur vor den Kinderzimmern. »Da!«

»Wo?«

»Da. Stell dich nicht so an. Hier und hier und hier.«

»Du meinst diesen Haarriss?«

»Das ist ganz gefährlich. Das ist ja erst der Anfang. Wahrscheinlich setzt sich gerade das Fundament, oder die Wände sind ungleich. Oder es ist die Erde.«

»Ein Beben?« Pia lacht.

»Sehr komisch. Dann kümmere ich mich eben allein um die Baumängel.«

Pia findet, dass es keine Baumängel gibt in unserem Haus und dass wir Schwein gehabt haben. Sie findet mich kleinlich. Ich finde sie großzügig auf meine Kosten. Vielleicht ist es so, dass, wenn man sich schon für den Rest seines Lebens verschuldet, man dann etwas überirdisch Perfektes erwartet. Mindestens. Pia hat gut reden. Ihre Haushälfte hat sie bar bezahlt, und meine Haushälfte gehört der Bank. Natürlich will ich etwas überirdisch Perfektes.

Das ist auch ein Problem von allem, was neu ist. Neue Autos, neue Anzüge und neue Häuser müssen perfekt sein. Schon deshalb mag ich alte Häuser. Bei alten Häusern schaut man über alles hinweg, da können die Fensterscheiben noch so schmutzig, die Farbe noch so abgeblättert und die Dachrinne noch so schief sein. Das nennt man Charme und Patina. Beides hat die Bauhausbewegung vor achtzig Jahren in Deutschland verboten. Die Häuser mussten jetzt aussehen, als ob sie von einer Maschine ganz präzise hergestellt worden wären. Wie etwas aus der Stanzmaschine. Stuck, Erker, Fenstersprossen wurden polizeilich verfolgt. Alles sollte rein sein, rein und neu und weiß. Das steht in Pias Büchern. Mich wundert, dass man sich das hat gefallen lassen. Wenn jetzt überall plötzlich neue Schlösser gebaut werden, in Berlin und Potsdam, Braunschweig und Hannover, dann ist das die späte Rache des Sprossenfensters. Wir haben natürlich auch keine Sprossenfenster. Pia würde sich entleiben vor Scham.

»Häuser sind nie perfekt«, sagt Pia trotzdem. Ihre Pragmatik einerseits und ihre Dogmatik andererseits können einen zur Verzweiflung bringen.

Ich dokumentiere aber weiterhin Baumängel, die keine sind. Mit noch größerem Eifer. Dann rufe ich immer Wumme an, zeige ihm den Mangel, und Wumme sagt: »Ist halt so.« Die Ist-halt-so-Zeit ist die Zeit kurz vor der Vollendung.

Eines Abends ruft mich Pia zum Fernseher. Der Ton ist auf Höchstlautstärke gedreht, weil an diesem Abend die Tram unter unserem Fenster auch in Höchstform ist. Es ist eine Sendung über Baumängel. Zu sehen sind weinende Menschen, kaputt und ruiniert, geschieden und todkrank. Die leben in Löchern, die giftig und einbruchsgefährdet sind, sie hausen in Höhlen, die kalt und nass sind. »*Das* sind Baumängel.« Pia sagt das ganz trocken. Ich sage nichts. Stimmt. Wir haben Schwein. Und Wumme natürlich auch.

Trotzdem schafft es der Mann, der den Gartenweg anlegt (im Lageplan sieht er so gerade wie ein Lineal aus), zwei Kurven in den Weg einzubauen. Sogar Wumme gibt zu, dass das so nicht in Ordnung ist. Obwohl er Kurven hübsch findet. Pia sagt: »Hätten wir ein Schlumpfhaus im Asterixdorf, dann wäre ein schnuckliger Kurvenweg gerade recht. Haben wir aber nicht. Der Weg muss gerade sein.« Pia schaut den Gartenbauer streng an. Er seufzt. Beim zweiten Mal baut er Buckel in den Weg ein. Pia stöhnt. Wumme macht »hmm«, was bei ihm so etwas wie einen Tobsuchtsanfall darstellt. Der Wegebauer baut den Weg ein drittes Mal. Jetzt ist er perfekt. Pia sagt »sehr gut«, Wumme sagt »gut«, der Wegebauer sagt »langweilig« und bietet uns Gartenlaternen und Rosenrankgerüste zum Ausgleich an. Während ich noch überlege, was ich dazu sagen soll, erhasche ich einen Pia-Blick und schweige lieber. Ich werde keinen Barockgarten bekommen, vermute ich.

Obwohl ich keine echten Baumängel zu beklagen habe, entsetzt mich das Bauhandwerk. Wie kann sich eine Zivilisation entwickeln, wie kann Hightech entstehen, wie kann man zum Mond fliegen, wenn das Bauhandwerk aus einer Vielzahl von Leuten wie unserem Wegebauer besteht? Es ist mir ein Rätsel. Und dann ist das Haus fast fertig, einfach so. Unglaublich. Das kleine Schwarze kommt mir vor wie meine eigene Reise zum Mond.

Diese Reise ist mir so fremd wie zuvor die Fahrt zum Gartencenter, wo ich aber schon bald ein gern gesehener Kunde bin. Während die Baugut GmbH das Haus endlich vollendet, bestellen wir den Garten. In vier Wochen wollen wir kein kleines zweites Woodstock erleben, also auf ein Matschfeld ziehen, sondern auf grünem Rasen endlich das Wunder eines Gartens genießen. Das ist wieder so ein Moment der Vorblende.

Ich lerne Gartenbindegarn, Rasenkantenstecher,

Pflanzhacke, Blumenzwiebelpflanzer, Regentonne, Baumsäge und andere denkwürdige Dinge kennen. Pia kauft ein wie im Delirium. Sie ist kein Shoppingtyp, aber das Gartencenter liebt sie. Es kommt ihr vor wie die Eintrittskarte in den Garten Eden. Ich lasse mich anstecken. Täglich kümmern wir uns um unseren Matsch, der einmal ein Paradies sein soll.

Leider grünt nichts. »Rollrasen«, rät Mike, der Nachbar »wie im Stadion.« Ich halte das für eine gute Idee, Pia aber will kein Instantgras. Sie will eigenes, selbst gesätes Gras. Sie will einen englischen Rasen.

In einem Asterix-Heft sagt ein Brite, der in einem wundervoll gepflegten Garten steht und sich mit einer kleinen goldenen Sichel Halm für Halm vornimmt, ungefähr dies: »Nun, nach zweihundertjähriger Pflege dürfte mein Rasen recht annehmbar sein, wie ich denke.« Und dann, herrlich, macht es »Galoppelgaloppelgaloppel« und römische Besatzer zu Pferd und Streitwagen zerpflügen in Sekunden das perfekte Grün. Ich weiß, dass meine Kinder das Zeug dazu haben, das römische Imperium auch in dieser Hinsicht in den Schatten zu stellen. Ich kann das Galoppelgaloppel schon hören. Trotzdem helfe ich Pia nach Kräften. Sie soll ihren englischen Rasen, der schon in wenigen Wochen ein Obermenzinger Bolzplatz sein wird, ruhig ansäen. Und merkwürdigerweise macht mir das auch noch Spaß. Dabei sind Pia und ich zu diesem Zeitpunkt am Ende unserer Kräfte.

Vom Garten aus kriegen wir mit, dass der Maler

das Werk des Fliesenlegers ruiniert, weil er den Boden nicht abdeckt. Dann kommt allerdings nochmal der Installateur, der die Dusche in Ordnung bringen muss: Er ruiniert das Werk des Malers. Zu schweigen vom Trockenbauer, der noch mal kommt, um die Schienen für die Gardinen anzupassen: Er ruiniert ebenfalls das Werk des Malers, unterstützt vom Schreiner, der die Treppe einbaut und auch hilft, das Werk des Malers zu ruinieren. Am Ende aber kommt der Maler wieder, bessert sein Werk aus und zerstört einiges von dem, was sein Werk zerstört hat. Bis der Elektriker kommt, nach dem wieder der Maler kommen muss. Das Bauen ist ein nicht endenwollender Krieg der Gewerke. Dass man dabei unverletzt bleibt, ist ein Wunder.

15. Kapitel, in welchem aussortiert, gepackt, ausgezogen und dann wieder eingezogen sowie ausgepackt und einsortiert wird. Das Leben hat in diesen Tagen starke Ähnlichkeit mit einem Umzugskarton. Und übrigens: Meine Frau bekommt einen Garten – und die Geschichte ist aus. Eigentlich, denn es zeigt sich, dass ich gerne im Garten arbeite, während Pia anfängt, sich für zentral gelegene Mietwohnungen in der Innenstadt zu interessieren.

»Weil«, sagt Max, der Hool. Und Pia sagt zu mir: »Du hältst ihn jetzt fest, während ich fotografiere.« Ich sage, dass das nicht geht. »Wenn ich ihn festhalte, schreit und weint er. Dann hast du ein schreiendes und weinendes Kind auf der Postkarte, die du machst, damit alle unsere Bekannten sehen, dass wir drei glückliche Kinder haben, die jetzt glückliche Stadtrandbewohner und glückliche Garteninsassen sind. Die Leute werden denken, dass auf zwei glückliche Vorortkinder ein schreiendes, weinendes und extrem unglückliches Vorortkind kommt, was der Statistik vermutlich annähernd entspricht. Wenn nicht umgekehrt. Zwei schreiende, weinende Suburbia-Strafgefangene kommen auf ein glückliches…«

»Fängst du schon wieder an?« Pia ist nicht gut drauf heute. Sie hasst Umzüge. »Und es ist kein Vorort. Wir ziehen von München nach München – und nicht von einem Kontinent auf einen anderen. Schon vergessen?«

Was soll ich dazu sagen? Sie versteht mich nicht. Gefühlt ist Obermenzing ein Kontinent, und München City ist ein anderer. Ich gebe auf. »Gut, bitte, wenn du meinst, dann halte ich Max jetzt fest. Wirst schon sehen.«

»Komm her«, sage ich mit pädagogischem Unterton in der Stimme zu Max. Und Max sagt: »nein.« – »Warum nicht«, will ich wissen, »warum steigst du nicht wie Julia und Anton in diesen Umzugskarton und lässt dich von Mami fotografieren, damit wir unseren Freunden Karten schicken können, auf denen draufsteht, wo ihr jetzt wohnt. Warum denn nicht, hm?«

Max sagt: »weil.«

Wann Max damit angefangen hat, sich Diskussionen mit einem rigorosen »weil.« zu entziehen, mit einem »weil.« inklusive Punkt, wissen Pia und ich nicht mehr. Der Witz daran ist, dass sich Max scheinbar auf die Argumentation einlässt, dem einleitenden »weil.« dann aber die große Stille folgt, so dass man selbst irgendwie dumm dasteht, während für Max alles gesagt ist. Es ist, als wollte man seine Intelligenz beleidigen und seine Geduld über Gebühr in Anspruch nehmen, wollte man so kleinkariert sein, um darauf zu bestehen, dass dem »weil.« außer dem irritierenden Punkt noch irgendetwas folgen sollte. Und sei es auch ein irritierendes Statement.

Auf seine Weise ist der Hool ein Philosoph. Nur würde der Philosoph vom Geworfensein in die prinzipielle Sinnentleertheit eines unentrinnbaren Daseins sprechen, während es beim Hool »weil.« heißt. Eigentlich mag ich dieses Max'sche »weil.« Es sagt viel über das Leben. Aus pädagogischer Sicht muss ich jedoch sagen: Es ist eine perfide Kleinkindstrategie, weil so nie ein vernünftiges Gespräch zustande kommt. Es passt aber gut zu großem Kino. In »Spiel mir das Lied vom Tod« wird der Böse jahrelang verfolgt von einem Guten. Am Ende liegt der Böse am Boden und will wissen, wofür er denn nun büßen muss, schließlich kann er sich, bei all dem Bösen, das er schon angerichtet hat, doch nicht an jede Kleinigkeit erinnern. Da setzt ihm der Gute den Stiefel auf die Brust und zieht die Mundharmonika hervor, um den Bösen an dies und jenes zu erinnern. Er könnte aber, finde ich, auch »weil.« sagen. Der Effekt wäre für das Publikum sogar interessanter, abgründiger. Max, der Hool, scheint das instinktiv zu spüren.

Als Max auf die Welt kam, standen ihm die blonden Haare zu Berge, als hätte er sich vor der Geburt noch rasch mit viel Gel gestylt. Damit gleich mal klar ist, dass dieser Max hier auf Radau gebürstet ist. Das ist ihm geblieben: Seine Haare stehen immer hoch, als wollte jede Haarspitze einzeln auf dem großen »weil.« bestehen.

»Dann halt nicht«, sagt Pia, »dann kommt der Hool also nicht mit aufs Bild.« Sie fotografiert nur Julia und Anton, die sich in die Umzugskiste schmiegen wie zwei kleine Kätzchen. Das wird eine poetische Karte, die aller Welt erzählt, dass der Vater dieser süßen Kätzchen nun nicht mehr in der Zivilisation zu erreichen ist, sondern am Rand der Welt. Dort, wohin Expeditionen geschickt werden, um spurlos zu verschwinden. »Niemand«, sage ich zu Pia, »wird wissen wollen, wo genau wir in Obermenzing wohnen, weil niemand so viel Zeit, Abenteuerlust und Benzin hat, um dorthin aufzubrechen. Wahrscheinlich gibt es auch keine richtigen Karten, sondern nur vage Reiseberichte und Legenden und...«

Pia sagt streng: »Sei doch mal still. Ich bin auch nervös wegen des Umzugs. Aber jetzt stell dich verdammt noch mal nicht so an. Das Haus ist gerade noch fertig geworden. Sogar die Küche passt. Ein Glück. Das Gras ist schon ein bisschen gewachsen. Alles wird gut. Aber bitte hilf jetzt endlich, die Umzugskartons zu packen. Am Samstag kommt die Spedition. Du freust dich doch sonst immer so aufs Umziehen. Ist doch ein alter Indianer-Brauch oder so.«

Darauf gehe ich gar nicht erst ein. Pia entstaubt munter meine Bücher und packt. Überall stehen schon halb befüllte Kartons herum. Anton und Julia bauen sie mit Begeisterung zusammen. Der Hool zerlegt sie wieder. Ich schaue dem Treiben missmutig zu. »Wie viele Umzugskartons hast du bestellt«, will ich wissen.

»150.«

»150! Das ist nicht dein Ernst. Was soll da denn rein? Hier siedelt doch nicht die Regierung von Bonn nach Berlin um.«

»150 für hier und dreißig für den Keller.«

»Also 180?«

»Plus zwanzig für die große und zehn Kisten für die kleine Kammer.«

»Wir haben 210 Umzugskisten? Bist du wahnsinnig geworden? Was soll da rein kommen? So viel besitzen nicht mal zehn Familien zusammen.«

»Plus die vierzig Ersatzkartons.«

250 Umzugskisten! Ich fasse es nicht. Pia sagt nur: »Schau dich mal um.« Dann packt sie einfach weiter. Ich schaue mich um und staune: Mein Leben ist in den letzten Jahren offenbar zu dem geworden, was Läden, die »Entrümpelungen aller Art« als Schild über dem Eingang hängen haben, in ihren hintersten Hinterhöfen feilbieten. Mein Leben besteht aus unvollständigen Memory-Spielen, kaputten Federballschlägern und einem zu engen Skistiefel, der eigentlich schon vor Jahren Müll war – und jetzt auf einmal zum Umzugsgut avanciert. Ich fahre Pia an: »Das ist ja schrecklich. Du hast aus mir einen Messie gemacht. Es gibt Leute, die werden nach Jahrzehnten von der Polizei aus ihren zugerümpelten Wohnungen mit der Spreizschere befreit. Zehn Jahre Ehe mit dir, und ich bin reif für die Spreizschere. Warum soll denn nur der verdammte Skistiefel mitumziehen? Ich fahre schon lange nicht mehr Ski, er ist zu eng, und außerdem kann Plastik nicht ewig altern. Wirf ihn weg. Weg damit!«

»Eines Tages«, sagt Pia mit ruhiger Stimme, »wird er Max oder Anton passen.«

Mir ist es ein Rätsel, wie Leute, die aus vermögenden

Familien kommen, einen kaputten Skistiefel aufheben können, um damit in zehn oder zwanzig Jahren einen Jugendlichen zu quälen und sich das Geld für angemessene Skistiefel zu sparen. Vielleicht ist es aber auch das Geheimnis von Wohlstand, dass er sich auf der Nichtausgeben-Seite statt auf der Etwas-einnehmen-Seite angehäuft wird. Die Milliardäre dieser Welt haben wahrscheinlich ganze Regalmeter voller alter Skistiefel in ihren atombombensicheren Kellern.

»Was du treibst«, sage ich zu meiner Frau, »ist Flucht in den Realbesitz. Genau das soll man nicht tun jetzt, mitten in der Krise.«

»Blödsinn.« Pias »Blödsinn« ist weniger souverän und tiefgründig als Maxens »weil«. Aber es funktioniert. Ich schweige. Pia legt nach: »Realbesitz ist jedenfalls nicht dein Problem.« Das sitzt. Pias Anteil an dem Haus wird ja zum größten Teil aus ihrem Erbe bestritten, meiner kommt von der Bank. Ich wusste immer, dass ich es mir nicht leisten kann, ein Haus zu bauen, aber jetzt habe ich es schriftlich. Mal abgesehen von den Kosten für Grund und Haus: Allein die städtischen Gebühren sind schon ein Skandal.

Der Skandal befindet sich gut verpackt in Karton Nr. 58, der die Aufschrift »Rechnungen Blumenauer Weg, Stadt München« trägt. Hier ein Auszug:

Das Hausnummernschild, »gefertigt nach Münchner Hausnummernschildverordnung«, kostet 80 Euro.

Der Hausanschluss, Gas Strom und Wasser, kostet 9500 Euro.

Die »Amtshandlung« zur Klärung, ob im Garten ein Gartenhaus stehen kann, kostet 120 Euro.

Der Hausnummerbescheid kostet 90 Euro.

Der »Anstich an den öffentlichen Kanal« kostet 320 Euro.

Der Genehmigungsbescheid zur Grundstücksentwässerung kostet 250 Euro.

Die Erlaubnis, »das Niederschlagswasser von den Dachflächen in den Untergrund einzuleiten«, kostet 320 Euro.

Die Baugenehmigung kostet 820 Euro.

Der erklärte Verzicht der Stadt München auf das übliche Vorkaufsrecht für das Grundstück kostet 30 Euro.

Und die Nutzung des amtlichen Lageplans kostet 200 Euro.

Das sind knapp 12 000 Euro, mit denen ich nicht oder nicht in dieser Höhe gerechnet habe.

Pia schon, Pia ist Sammler und hat den Überblick, ich bin Jäger und Wegwerfer und Kostengrobkalkulierer. Pia ist ein blauer Mensch, ich ein grüner. Pia will einen Garten, ich will in der Stadt wohnen. Pia will 250 Umzugskartons. Warum will sie 250 Umzugskartons? Weil sie nichts wegwerfen kann, nicht einmal den Bescheid über die Hausnummer. Ich schon. Ich bin ein fabelhafter Wegwerfer und Verdränger.

Ich bin noch besser als Onkel Ludwig.

Onkel Ludwig hortet auf seinem Dachboden Umzugskisten. Darauf steht ein Datum. Es ist das Datum, an dem Ludwig die Kiste mit was auch immer zugeramscht hat. Ab und an besteigt Ludwig nun seinen Dachboden und guckt sich das Datum auf den Kisten an. Wenn er eine sieht, die vor mehr als einem Jahr gepackt, seither aber nicht mehr geöffnet wurde, wandert sie sofort auf den Müll. Er wirft die Kiste weg wie ein angeschimmeltes Marmeladenglas jenseits des Verfalldatums. Ludwig schaut nicht mal mehr zur Kontrolle hinein. Ludwig ist toll.

Als ich jung war, hatte ich einen Fiat Panda mit rollbarem Stoffdach. Ich war immer der Meinung, dass alles Wichtige dorthinein passen muss. Als ich für ein paar Monate nach Hamburg gezogen bin: Umzug mit dem Fiat Panda in einer Fuhre. Von dort nach Berlin? Panda. Eine Fuhre. So macht man das.

»Pia, als ich nach Hamburg gezogen bin...« Pia, die gerade Küchenutensilien verstaut, wobei sie liebevoll ein altes Senfglas in altes Zeitungspapier wickelt, macht die Tür zu. Mein Diogenes-im-Panda-Theorie ist ihr wohl nicht neu. Hinter der Tür ruft sie noch: »Panda. Hamburg. Ich weiß. Eine Fuhre. Ich weiß. Diogenes. Toll.«

Dann kommt sie wieder raus, aber lediglich, um mir zu sagen, dass Robert De Niro nur im Film ein Gangster ist. »Bevor du mir jetzt wieder deine Lieblingsszene aus dem Film ›Heat‹ vorspielst: Das ist nur ein Film, begreif das doch. Niemand lebt so. Niemand.« Pia geht wieder, und ich rufe ihr nach, warum ich es so toll finde, dass der Obergangster Robert De Niro in einer riesigen Villa am Meer lebt: »Weil es in dieser Villa nämlich nur ein Sofa und eine Kaffeemaschine gibt!«

»Wie großartig«, schnaubt Pia. »Die große Leere. Und wozu nur?«

»Weil«, verteidige ich De Niro, indem ich ihn zitiere, »weil man immer in der Lage sein sollte, in dreißig Sekunden packen und verschwinden zu können.«

»Aber De Niro ist ein Gangster. Du nicht. Du bist nur ein Mann, der gerne ins Kino geht, um sich Filme anzusehen, die er dann zu seiner Lebensphilosophie macht. Und auch deshalb willst du nicht nach Obermenzing. Weil dann das nächste Kino nicht mehr ums Eck ist und Vororte im Kino sowieso nur als Tatorte abscheulicher Verbrechen eine Rolle spielen.«

»Stimmt genau, Pia, dort sind nur der nächste Discounter, der nächste Baumarkt, der nächste Psychopath und die nächste Apotheke ums Eck. Und mein Haus wird ein Haus sein, das mir zum Packen und Verschwinden drei Jahre statt dreißig Sekunden abnötigt. Weil du es wieder vollramschen wirst. Du Messie.«

»Ich ein Messie? Du weißt ja nicht, was du redest, du Kinogeher. Und das ist auch kein Ramsch. Das sind alles Dinge, die wir brauchen, weil wir drei Kinder haben, schon vergessen? Wir sind eben eine Familie. Und De Niro ist ein Schauspieler. Und du lebst nicht am Strand in einer leeren Villa, sondern an der Ismaninger Straße in einer familienfeindlichen Wohnung. Weißt du was: Wenn du unbedingt in dreißig Sekunden packen und verschwinden willst, dann tue es sofort!«

Pia ist jetzt blass und still. Ich habe einen roten Kopf und bin auch still. Nicht mal Julia lässt sich blicken.

Ich frage mich, ob ich jetzt verschwinden soll. Aber wer sich die Frage stellt, ist schon zu spät dran. Wer fragt, bleibt. Ich bleibe. Wütend. Worauf bin ich wütend? Auf Obermenzing und Pias Kartons. Auch wenn ich zugeben muss, dass mir ein Sofa und eine Kaffeemaschine, die unsere 250 Kisten auf eine reduziert hätten, kaum ausreichen zum Leben. Pia hat Recht, das Leben ist kein Film. Aber das macht mich nur noch übellauniger.

Pia sammelt Dinge, weil sie Dinge liebt. Ich liebe auch Dinge, aber ich muss sie nicht um mich haben. Zum Beispiel mache ich nie Fotos, weil ich zu sehr damit beschäftigt bin, mir Dinge anzuschauen. Dinge, die schön sind, wie zum Beispiel der Urlaubsstrand. Pia dagegen kann nicht gucken, weil sie durch den Sucher sehen muss, um zu sehen, ob das Bild auch schön scharf wird. Pia fotografiert, ich gucke. Deshalb gibt es schon ein Dutzend Foto-Alben in bunten Einbänden, die Julia, Anton, Max und mich am schönen Urlaubsstrand zeigen. Pia scheint nie dabei zu sein, weil sie immer hinter der Kamera steht, während der Rest der Familie genervt an der Kamera vorbei in die Ferne blickt. Pia sammelt Erinnerungen, Dinge, Sachen, Gegenstände, Bilder, Bücher, Postkarten und alte Rechnungen. Deshalb will Pia ein Haus und einen Garten: Das ist der Plan hinter dem Plan. Sie braucht einfach mehr Stauraum und eine offene Ausstellungsfläche für ihre gigantische Dingwelt, die sich ausdehnt wie das Universum. Alte rostige Türschlösser aus der Toskana, eine kaputte Keksdose aus ihrer Heimat, ein Gürtel vom Verehrer aus Paris: Ihr Leben ist voller Geheimnisse. Meines passt in einen Fiat Panda.

Man soll sich nicht, denke ich trotzig, be-schweren im Leben, und zwar im Wortsinn, man soll Mieter sein und leichtfüßig und besitzlos leben wie ein Indianer oder wie Ghandi. Man soll keine Dinge haben, die 250 Umzugskartons füllen. »Es gibt Menschen, deren Hab und Gut passt in eine Tüte«, sage ich zu Pia. Pia antwortet nicht. »Die Dinosaurier sind ausgestorben, weil sie so schwer und so immobil waren«, sage ich. Pia antwortet nicht. »Ein Kilogramm Nutzlast, das zum Mond befördert wird, kostet 200 000 Dollar«, sage ich. Pia sagt: »Mond, Blödsinn, Obermenzing liegt zehn Kilometer von der Stadtmitte entfernt.«

»Ja«, sage ich, »aber trotzdem hinterm Mond.« Pia schweigt. Sie arbeitet an einer Kiste mit der Aufschrift »Kabelverlängerungen, Keller«.

Umzugszeit, das sind Chaos-Tage. Pia managt alles, die Kinder spielen mit den Umzugskisten, und ich murre vor mich hin. Dann helfe ich und fange irgendwo in der Kammer an. Was man alles findet. Allein diese unglaubliche Sammlung von Kleiderbügeln. Etwa die dünnen aus Blech von der Reinigung. Einige von Ikea. Weg. Meine blaue Mülltüte füllt sich rasch. Pia hat gar keine Mülltüte. Bei ihr ist alles wertvolles Umzugsgut und wird verstaut. »Weg damit«, brumme ich. Pia kommt dazu. »Spinnst du, die können wir noch gut gebrauchen.« Pia kann immer alles gut gebrauchen. Dann ein Bügel aus Kunstleder mit Messingnieten, schwer wie ein Fernseher. Der kann nur von Pias Seite kommen. »Weg«, sage ich. »Bleibt«, sagt Pia.

»Und was ist das?«, will Pia wissen, die die Bügel zusammenräumt und die Aussortierten wieder einsortiert. Sie zieht ein baumelndes Elend aus lindgrünem Plastik mit greller Aufschrift und stilisiertem Hirschgeweih hervor. Laut liest Pia vor. »Hotel-Pension Ortenruh???« So wie sie das ausspricht, hat die Frage drei Fragezeichen, mindestens. »Mit wem oder was und vor allem wann warst du in der Pension Ortenruh?«

»Ich weiß nicht, wovon du sprichst. Ich kenne Ortenruh nicht. Nie gehört. Was soll das sein?«

Julia, mit dem Ehescheidungsmöglichkeitsradar einer sehr gut ausgerüsteten Sondereinheit der CIA-Abhörspezialisten gesegnet, kommt dazu und will wissen, ob wir streiten.

»Überhaupt nicht«, flötet Pia, »ich will nur wissen, mit welcher Schlampe sich dein Vater in Ortenruh rumtreibt.«

»Was ist eine Schlampe?«, fragt Julia.

»Das erkläre ich dir später«, erkläre ich jetzt, um später nichts erklären zu müssen, weil später erfahrungsgemäß nie eintritt in der Pädagogik.

»Am schlimmsten aber finde ich Hotel-Pension.« Pia ist jetzt in voller Fahrt. »Das Ritz? Bitte, einverstanden. Hätte Stil. Zur Not irgendein Marriott, okay. Aber Hotel-Pension: das ist entweder supervertraulich, also ernst, oder billig, also schäbig. Wofür entscheidest du dich? Ich gebe dir zwei Sekunden Zeit.«

An dieser Stelle merke ich, dass Pia nur Spaß macht. »Das beruhigt mich«, sage ich. »Du machst nur Spaß, oder?«

»Stimmt Liebling, aber das sollte dich nicht beruhigen, sondern beunruhigen. Wenn ich dir nicht einmal mehr eine Affäre in der Hotel-Pension Ortenruh zutraue, dann solltest du mal ein bisschen nachdenklich werden. Ich war nämlich dort. Vor deiner Zeit. Und mit wem, sage ich nicht.«

Ich werde ein bisschen nachdenklich, dann sehr nachdenklich und dann ungenießbar, und deshalb schickt mich Pia in den Keller, weil ich ihr nur im Weg rumstehe. Sie muss noch 165 Umzugskisten mit alten Büchern, alten Lieblings-T-Shirts und mit vielen Legosteinen, mit Geschirr, kaputten Elektrogeräten und ausgetrockneten Buntstiften vollramschen. Einmal habe ich unter Pias Sachen eine kleine Schachtel entdeckt. Darauf stand: »Garn, gebraucht«. Pia ist eine Sensation und die Ikone der Nachhaltigkeits-Bewegung gegen den Klimawandel. Ich bin der Wegwerfer, die Umweltsau.

Die Umweltsau geht also in den Keller. Aus Bosheit räume ich als erstes Pias Mehrschichtholzplatten dorthin, wo ich ein großes Plakat aufgehängt habe. Darauf steht »Müll. Alles weg!« Ich habe es selbst gemalt, es soll die Umzugsleute, hoffentlich welche mit Zähnen, am Samstag dazu motivieren, in Pias Leben mal ein bisschen Freiraum zu bringen. Mit den Mehrschichtholzplatten verhält es sich so: Als Pia noch studiert hat, hat sie sich diese Edelplatten vom Schreiner anfertigen zu lassen, um irgendeinen Designer-Stuhl nachzubauen. Wahrscheinlich für ihren damaligen Freund, den sie damit in der Hotel-Pension Ortenruh überraschen wollte. Dann kam ich in ihr Leben, und der Mehrschichtplattennachbau-Freund geriet aus ihrem Leben. Sie zog zu mir nach München. Die Mehrschichtholzplatten nahm sie mit. »Daraus baue ich dir was Schönes«, sagte sie damals.

Aber daraus wurde nichts. Keine Zeit. Dann zogen wir in eine neue Wohnung. Die Platten, immer noch so schwer, als sollte daraus kein Designer-Möbel, sondern eine gepanzerte Limousine gebaut werden, zogen mit um. Inzwischen waren sie sogar noch schwerer, weil sie Wasser ziehen. Außerdem müffelten sie. Pia meinte, ein Möbel würde daraus nun leider nicht mehr werden. Die Platten verstaubten wieder im Keller. Danach zogen wir wieder um, in eine größere Wohnung, wahrscheinlich wegen Anton oder Max. Die Platten landeten wieder in einem Keller, diesmal an der Ismaninger Straße.

»Verdammtes Holz«, sage ich laut. Es ist zwar nur Holz, aber dieses Holz hat schon so manches gesehen im Münchner Untergrund. Dieses Mal will ich dafür sorgen, dass diese stinkenden Blödplatten, bestimmt für einen Idioten mit Hang zu vertraulichen Pensionen, endlich dort landen, wo sie schon seit einem Jahrzehnt hingehören: im Schlund der Häckselmaschine.

Ich schleife sie zum Alles-weg-Plakat, hole mir einen Splitter, fluche und stoße hinter den gammeligen Biestern auf ein kleines Köfferchen. Ich sehe es mir genauer an. Eigentlich erkenne ich es sofort: meine Schultasche, respektive der alte Schulkoffer. Denn natürlich war ich in meiner Zeit kurz vor dem Abi so originell, statt einer banalen Tasche ein vom Opa ausrangiertes Reiseköfferchen aus Lederimitat und genieteten Blechen an den Ecken zu besitzen.

»Hallo«, sage ich, »wie kommst du denn hierher?« Dann fällt es mir wieder ein. Meine Mutter, die wie ihr Sohn eine große Wegwerferin ist, hat ihn mir vor Jahren vorbeigebracht, und er verschwand sofort im Keller. Aber warum hat sie ihn nicht weggeworfen? Ich mache ihn auf, und es haut mich fast um: alte Liebesbriefe! Ich hocke mich auf eine Kiste und beginne im schummrigen, staubigen Kellerlicht zu lesen. Es ist halbdrei am Nachmittag, aber zugleich auch Geisterstunde. Die Geister der Vergangenheit sind da.

Es gibt da ein Hörspiel, das unsere Kinder immer gern hören im Auto in Richtung Brenner. Es geht darin um einen alten Dachboden, der voller Spinnweben ist, auch voller Mäuseköttel und angefüllt mit irgendwelchen alten Piratentruhen und mit einem zerbrochenen Spiegel. Das ist das ideale Naturschutzgebiet für Gespenster. Bis der Dachboden aufgeräumt und entstaubt wird. Die Gespenster, die vom Staub leben, sind in ihrer Existenz bedroht. An dieser Stelle, denke ich immer, sollte der Bund Naturschutz eingreifen, und das Entstauben von Dachböden sollte als Umweltfrevel gebrandmarkt werden. Es geht aber dann doch nur um einen kleinen Jungen, der die Gespenster mit Spinngewebe füttert.

Jedenfalls habe ich das bisher für Quatsch, also für ein Kinderhörspiel gehalten, das für die Fahrt von München bis zum Gardasee so unentbehrlich erscheint wie Benzin, Lenkrad und vier Reifen. Doch nun im Staubkeller sehe ich das anders, in einem Keller, in dem sich ein alter Tennisschläger, ein Gummibootkarton und Julias Schaukelpferd sich zu einer fragilen Skulptur verbündet haben. Schon möglich, denke ich, dass meine Existenz ebenso zerbrechlich ist, schon möglich, dass sie nur vom Staub untergegangener Schülerlieben zusammengehalten wird. Mir ist, während ich dies überlege, als ob mir ein paar Gespenster zustimmend zunickten.

Als ob sie sagen wollten: »Genau, wo wärst du, wenn Edeltraud dich erhört hätte? Oder die T. Andrea? Wärst du dann hier?«

Dieser Brief ist das drittbeste Fundstück im Köfferchen. Unterzeichnet mit »deine T. Andrea«. Steht das T für toll? Für Trumpenbauer Andrea oder für Tippelberger Andrea? Ich weiß es nicht. Nicht mehr. Das zweitbeste Exponat ist der Liebesbrief Nummer 1, geschrieben von einer Edeltraud, die es fertigbrachte, in meinen Namen drei Fehler einzubauen, was mich, so weit ich mich erinnere, nicht daran hinderte, sofort in Liebe zu ihr zu entflammen. Wo mag sie sein, die rechtschreibschwache Edeltraud? Ich gerate ins Sinnieren und finde das Prachtstück der Sammlung. Eine Locke mit rotem Samtband. »Katharina«, sage ich laut.

»So heißt sie also«, sagt Pia im gleichen Augenblick, die wissen will, warum ich Stunden über Stunden im Keller verbringe. Sie findet mich mit einem Köfferchen auf den Knien, auf das ich vor Jahrzehnten »Pink Floyd« geschrieben habe, um mich von der Deep-Purple-Fraktion in der Klasse intellektuell abzugrenzen, während ich gleichzeitig der Jethro-Tull-Bande klargemacht habe, dass ich sie für querflötende Weicheier halte. Da sitze ich also, halte eine verstaubte modrige Blondlocke in der Hand und flüstere »Katharina«.

»Sonst alles in Ordnung?«, will Pia wissen. Sie sagt, ich solle ihr oben in der Wohnung mit dem zerlegbaren Schrank helfen, und geht wieder die Treppe hoch. Ich höre, wie sie noch sagt. »Katharina. Soso.« Pia schaut oben in der Wohnung wirklich etwas wütend drein. Ich sage jetzt besser nichts. Julia heißt mit zweitem Namen Katharina, und ich konnte Pia nie wirklich erklären, was mir so an diesem Namen gefällt. Schweigend packen wir Kisten und zerlegen Regale. In zwei Tagen kommen die Möbelpacker. Schweigend hängen wir unseren Gedanken nach, Pia mag in Ortenruh sein, ich denke an die Locke. Die Frage, ob die Gespenster der Vergangenheit, die sich vom Staub in unseren Kellern nähren, gut oder böse sind, ist nicht zu klären.

Samstag, sieben Uhr. Es klingelt. Max macht die Tür auf, und die Möbelpacker fluten meine Wohnung, die jetzt nicht mehr nach meiner Wohnung aussieht. Mir ist zum Heulen. Pia auch, weil sie nach der Plackerei des Hausbauens und Packens so fertig ist. Die Packer haben zum Teil Zähne, was schon mal gut ist, schaffen es aber schon mit dem ersten Möbelstück, das sie quasi durch die Tür werfen, ihren Standpunkt eindeutig werden zu lassen: Auch an Möbelstücke, finden sie, sollte man nicht sein Herz verlieren.

Der dickste von den Packern stellt sich als »Houdini« vor. Er lacht dabei. »Sie wissen schon, der große Houdini, der Zauberer.« Er ist der Mann fürs Stapeln und Verschwindenlassen. Das macht er mit einer Akribie und Kreativität, die ihn auch für die Tokioter U-Bahn als Stapler empfehlen würden.

Dann ist da noch ein Berliner, der sich mit dem Ausdruck »Kiek ma'« auf alles stürzt, was noch nicht verpackt ist. Er vermutet im Restmüll Dinge, die man noch verticken könnte. Pia stellt sich schützend vor den Fernseher. Der Hool wühlt in der Werkzeugkiste des Packer-Chefs herum und lässt Schraubenzieher und Steckschlüssel verschwinden. Sogar Houdini staunt. Anton hat sich in eine leere Umzugskiste verkrochen und teilt meine Depression, obwohl ich ja bekanntermaßen der Umzugs-Fan schlechthin bin. Julia hasst Umzüge, weil sich Leute scheiden lassen, um die Umzugs-Industrie am Leben zu erhalten. Und der Packer-Chef demontiert unsere alten Schränke mit einem so lauten Wupp, dass ich befürchten muss, sie nie wieder zusammenzukriegen. Zur offenen Haustür schauen Nachbarn rein. Pia macht sachte die Haustür zu. Sie hat jetzt Tränen in den Augen. Seit einer Woche leben wir im Chaos, und vor uns liegen die Chaos-Wochen, die daraus bestehen, dass ich brüllend nach meinem Akuschrauber suche, während Pia nach den Fieberzäpfchen für die Kinder fahndet.

Wir greifen uns die Kinder und fahren ins neue Haus, das so neu riecht wie ein neues Auto. Schön und ungewohnt. Die alten Gerüche, der Kohl im Treppenhaus, der Moder in der Kammer, sie fehlen mir jetzt schon.

Dann warten wir auf unsere Möbel. Die Möbel kommen nicht. Es ist schon halb fünf. Wie soll das mit dem Einräumen noch klappen? Wir sind hungrig, verdreckt vom Gespensterstaub, die Kinder nölen und ignorieren den Garten, weil ich ihnen gesagt habe, dass sie den Rasen nicht betreten dürfen. Der muss noch wachsen. Unmutig hocken Julia, Anton und Max auf dem schmalen Kiesstreifen neben unserem Haus, dessen Schwarz mir plötzlich fürchterlich ins Gemüt fährt. Um dieser Stimmung zu entkommen und um nachzusehen, warum unsere Möbel nicht nach Obermenzing einreisen dürfen, fahre ich zurück in die Ismaninger Straße. Unterwegs begegne ich dem Möbelauto, kehre um und komme gerade rechtzeitig ins Haus, um zu sehen, wie vier schwer schwitzende Möbelpacker das Klavier so über unsere Filigrantreppe aus Sichtbeton wuchten, dass sie garantiert jede Stufenkante erwischen.

Zwölf Stufen verlieren tatsächlich ihre scharfen Kanten, auf die Pia bestanden hat, während die Baufirma abgeraten hatte. »Beim Umzug«, hat Wumme vor wenigen Wochen noch gesagt, »geht das alles kaputt.« »Blödsinn« hat Pia geantwortet. Jetzt sehen wir, dass alles kaputt geht. Houdini sagt: »Ganz schön eng hier.« Der Berliner sagt: »Die Altbauwohnung war doch prima, wa?« Ich sage: »So isses.« Dann sehe ich die blauen Streifen an der Wand. Vor einer Woche hat Pia die Malerfirma zum dritten Mal anrücken lassen, weil sie immer noch winzige Spuren mangelnder Höchstpräzision an ihren reinweißen Wänden entdeckt hat – und jetzt ziehen sich wellenartige blaue Streifen vom Erdgeschoss bis zum Klavier oben vor Julias Zimmer. Houdini sieht an seinem blauen verschwitzten T-Shirt runter und sagt: »Ganz schön eng hier.«

Es wird spät. Mitten in der Nacht kommt die Spedition mit der zweiten Fuhre. Eine reicht nicht. Ich kenne einen leicht esoterisch angehauchten, extrem netten Schreiner, der mal im Selbstversuch ausprobieren wollte, worauf er alles verzichten kann. Er sperrte sich für einen Monat in seine Wohnung und warf jeden Tag Dinge zum Fenster raus in den Hof. Nach dreißig Tagen lebte er mit einer Matratze, einem Stuhl, einem Bleistift, einer Zahnbürste, einem T-Shirt, einer Jeans, einer Unterhose und einem Wasserglas. Behauptete er. Man kann's auch übertreiben.

Während ich die Packer dirigiere, die sich nicht dirigieren lassen, fällt mir dieser erleuchtete Schreiner wieder ein, und mir ist, als würde gerade jemand seine Habseligkeiten wie aus einem großen Fenster in mein Leben schmeißen, das sich immer weiter anfüllt. Die Dinge steigen wie Wasser und werden mir bald bis zum Hals stehen. Ich fühle mich wie ein Nichtschwimmer in Pias Dinge-Ozean.

Ich bin mit einem Mal total sauer. Es ist Nacht. Die Packer zertrümmern unser neues Haus. Ich will Pias Kisten nicht. Pia sagt, dass ich die Kinder nicht will, bloß weil ich finde, dass sie zuviel Spielzeug haben. Ich sage, dass ich bloß Obermenzing nicht will. Julia wacht auf, notdürftig in ihrem neuen, nach Farbe riechenden Zimmer zur Nacht gebettet, und will wissen, was los ist. Sie weint. Anton wacht auch auf, findet sich im Dunkeln nicht zurecht und fällt die halbe, schon völlig ramponierte Treppe runter, wo er gegen eine Truhe prallt, die keinen Platz mehr findet in unserem neuen Leben. Er weint. Max kommt dazu und findet alles toll. Die Packer maulen irgendetwas von »Versicherungsfall«, Pia schreit »Blödsinn«, und ich würde am liebsten sofort ins Hotel ziehen. Da klingelt es.

Es ist ein fürchterliches Spießergeräusch, eine Klingel aus dem Baumarkt, »wie geschaffen für ein Haus am Stadtrand«, sage ich zu Pia, die jetzt auch heult. Draußen steht Nachbar Mike, wortlos wie immer, mit zwei kühlen Flaschen Bier in der Hand. Die Kinder nimmt er mit rüber, wo sie im Wohnzimmer auf dem Sofa friedlich einschlafen. Pia und ich prosten einander zu und nehmen uns in den Arm. »Das wird schon«, sage ich,

»Obermenzing und ich werden schon noch Freunde.« – »Und ich«, sagt Pia, »wäre sofort bereit, wieder in die Stadt zu ziehen, damit es dir besser geht.« Sie weiß, dass wir nie mehr irgendwohin ziehen werden. Allein der Gedanke ans Möbelkistenpacken würde uns auf der Stelle umbringen.

Die erste Nacht im neuen Heim ist kurz und unruhig, die zweite Nacht ist kurz und unruhig, die dritte ist mittel, und in der vierten Nacht schlafe ich erstmals acht Stunden am Stück. Die Fieberzäpfchen sind aufgetaucht, der Akuschrauber ist an seinem Platz, die Kinder haben sich schon mit anderen Kindern angefreundet, Mike weiß, wie man Regale zusammenschraubt, und Pia arbeitet wie eine Besessene. Der Kistenberg im Keller schmilzt wie Grönland im Klimawandel. Unser Klima wandelt sich auch. Pia lebt sich ein, ich lebe mich ein, die Kinder: kein Problem. Die Lage bessert sich.

Wir müssten jetzt nur noch rausfinden, wie man die Herdplatte ankriegt. Im Augenblick geht sie nur an, wenn ich gleichzeitig das Außenlicht über der Eingangstür einschalte und den Schalter gedrückt lasse, während Pia über dem Küchenblock den Mixer mit der Steckdose ganz rechts außen verbindet, den sie ebenfalls eingeschaltet und gedrückt halten muss. Unser Elektriker hat sich in die Sommerferien verabschiedet. Häuser werden nie fertig, aber im August werden sie niemals nie fertig.

Auch deshalb duschen wir vorläufig noch in der Küche, indem wir uns dort das Wasser warm machen und gegenseitig über den Kopf tröpfeln lassen. Man träumt vom Haus, weil man auf ein perfektes Heim hofft. In Wahrheit war in der vieltausendjährigen Geschichte des Hausbauens noch nie ein Haus fertig am Tag des Einzugs. Man zieht deshalb nicht in ein Haus, sondern immer zuerst in eine Art Campingplatz mit Zimmern.

Trotzdem: Alles wird gut, vor allem auch deshalb, weil ich heimlich die Wertstoffhöfe der Umgebung anfahre und still und leise Kisten verschwinden lasse. Pia tut so, als würde sie es nicht merken.

Die Wertstoffhofleute sind interessant. Ihre armseligen Resopal-Büros richten sie sich mit dem ein, was die Leute aus der Nachbarschaft wegwerfen. In dem Wertstoffhofbüro in unserer Nähe, in dem ich viele Tüten für Zusatzmüll zu horrenden Preisen kaufe, gibt es extrem viele Gartenzwerge und Hirschgeweihe. In der Nachbargemeinde dominieren dagegen Plastikmöbel der siebziger Jahre. Nach zwei Wochen bin ich auf allen Höfen bekannt. Pia beruhigt sich allmählich. Das kleine Schwarze in Obermenzing, das begreift sie jetzt, hat einen Preis: Wir entrümpeln unser Leben, was mich wiederum beruhigt. Die Laune bessert sich mit der Lage.

Schließlich, als Anton dem Jungen von Mike den in unseren Garten geschossenen Ball bringen will und sich vorsichtshalber, wegen des empfindlichen Rasens, die Schuhe auszieht, lacht die ganze Nachbarschaft. Man kriegt viel mit in den Vororten. Ich kann sogar mitlachen. »Anton«, sage ich, »das ist kein Teppich.« Pia sagt: »Aber schön grün.« Dann umarmt sie mich und flüstert mir ins Ohr: »gut gemacht.«

Wie sich zeigt, bin ich zum Gärtnern geboren. Ich pflanze eine Hecke, Sträucher, Gräser und Bäume. Einen Apfelbaum für Julia, einen für Anton und einen für Max, an dem Max seine Säge ausprobiert. Ich wühle mit den Händen im Mulch und in der Erde. Ich wässere den jungen Rasen wie ein Fanatiker, und die Nachbarn schauen sich beunruhigt an. Alle wollen mir ein Gerät leihen, das den Rasen automatisch mit Wasser versorgt. Das will ich nicht. Ich genieße es, Stunde um Stunde mit meinem Winzrasen und dem Gartenschlauch zuzubringen. Ich höre das Gras wachsen und bin glücklich. Unfassbar. Ich bin ein Gartenmensch. »Das Leben«, sagt ein chinesisches Sprichwort, »beginnt mit dem Tag, an dem man einen Garten anlegt.«

Michelle Obama, die Frau des amerikanischen Präsidenten, soll auf dem Grundstück des Weißen Hauses einen Gemüsegarten angelegt haben. Wir haben das auch vor. Man muss autark sein in unsicheren Zeiten. Ich denke über einen kleinen Kartoffel-Acker nach.

Im Haus brauchen unsere Kinder nur Tage, um aus Pias Design-Paradies ein bewohnbares Heim mit Flecken, Schlieren und Kratzern an den Wänden zu machen. Pia hat sich damit abgefunden. Das Leben, denke ich, siegt über das Design. Sehr gut, so soll es sein.

In der Werbung gibt es den Satz, wonach irgendein

Getränk »jetzt noch trinkiger« sei. Das gefällt mir. Ich finde unser Haus irgendwie hausiger als unsere Wohnung. Es fängt an, mir zu gefallen. Es ist ein anderes Gefühl, die Tür zum Haus aufzusperren als jene zur Wohnung. Das erzähle ich Pia und hole sie raus zur Straße. Dort will ich ihr das blaue Straßennummernschild zeigen, das ich an die schwarze Holzwand geschraubt habe. Als letzte Geste des Friedens nach finsteren Kriegsjahren. Die Kinder kommen auch dazu. Max ist der letzte, er schlägt laut die Tür zu. Die Terrasentür ist, wie sich zeigt, geschlossen, und innen an der Haustür steckt der Schlüssel. Drei Stunden und zwei Männer vom Schlüsseldienst später sind wir wieder in unserem Haus. Nachts ziehe ich durch den Garten, als ritte ich mein Lehen ab. Der Stolz auf ein paar Quadratmeter Eigenes ist grenzenlos.

Alles geht seinen Gang. Längst wissen wir, dass die Wand im Bad wieder aufgestemmt werden muss, dass sich der empfindsame Estrich dazu entschließt, ein Wellenmeer sein zu wollen, dass unsere Möbel nicht wie gedacht ins Haus passen und dass der Fernsehempfang so schlecht ist wie Obermenzing kabellos. Das Internet ist langsam hier und gibt einem das Gefühl von Grenzland. Aber das macht nichts. Ich genieße den Garten. Pia liegt dort zum ersten Mal seit Monaten entspannt in der Hängematte. Sie liest Zeitung, ich will wissen, was drin steht. Sie antwortet nicht. Ich gehe zu ihr hin. Sie studiert den Immobilienteil. Sie sagt, sie suche eine zentral gelegene Mietwohnung in Schwabing oder in der Au. Sie strahlt mich an mit ihren grünen Augen. Ich weiß nicht, ob sie Spaß macht. Bei Pia weiß ich das nie. Deshalb liebe ich sie ja.

Wir gewöhnen uns ein, jeden Tag ein bisschen mehr. Die Gräuliche hat uns ein Haus nach dem Grundsatz »Weniger ist mehr« entworfen, das wunderschön ist, meine Kinder stopfen es täglich voll mit Kram und finden, dass nur mehr wirklich mehr ist. Pia gibt ihnen Recht und zugleich die Ordnung im Haus auf. Ich kapituliere und denke mir, dass meine Nachwelt sich um die 500 Kartons kümmern soll, die eines Tages von Pia und mir übrigbleiben.

Die Nachbarn haben sich mit dem Haus abgefunden. Die meisten sind nett. Es wird nicht ununterbrochen gegrillt und auch nicht ununterbrochen gemäht. Auch hier gibt es, sieh an, einen Bäcker, eine Bank und eine Eisdiele. Unsere Freunde fahren gerne zu uns »aufs Land«. Es wird Herbst und der gehört dem Gartenfreund. Also mir. Es ist ein herrlicher, goldener Oktober. Pia verbringt die warmen Nachmittagsstunden, sobald sie Zeit hat, gern im Garten und mixt mir, ihrem Gärtner, samstags pünktlich zum Sonnenuntergang einen Tonginic, mit dem ich dann immer Sven hochleben lasse. Amelie und Klaus kommen vom Ammersee, sagen »ganz hübsch, nur ohne See«. Meine Mutter kommt. Mein Schwiegervater kommt, sagt »ganz hübsch, nur ein bisschen schmal« und schenkt mir einen prima Rasenmäher. Einen, den er extra ausgesucht hat. »Man kann ihn vertikal in den Schuppen stellen«, sagt er mir zur Übergabe. Ich fühle unendliche Dankbarkeit. Ich blühe auf, ich entdecke mein Vorort-Gen, die Vorzüge schmaler Vertikalität und die Lust, ein Kleingrundbesitzer zu sein. In einem Interview in einer Filmzeitschrift sagt Clint Eastwood: »Land ist etwas, womit ich etwas anfangen kann.« Ich habe das Gefühl, er sagt das zu mir.

Hinten, am Gartenhaus, das den Obermenzinger Gartenhauskrieg überstanden hat, fiept Schweini, der noch nicht von wilden Vorortbestien zerrissen wurde, aber dafür seinen Freund Poldi vermisst, den wir schon bald nach dem Umzug im Garten begraben mussten. Er, nicht ich, hat den beschwerlichen Zug an die Grenzen der Zivilisation nicht überstanden. Armer alter, allzu alter Poldi. Arme kleine Julia, die hofft, dass Poldi nun in einem Gurken- oder Kopfsalatparadies lebt.

An seinem Grab, auf das Julia eine weiße Dahlie gepflanzt hat, denke ich zum ersten Mal: Man braucht vielleicht nicht im Leben, aber dafür im Tod ein Stück Erde zum eigenen Glück. Komischerweise macht mich dieser Gedanke nicht traurig, sondern erst so richtig zufrieden. Wir haben einen Poldi begraben, der von sich hätte sagen können: »Begrabt mein Herz an der Biegung zum Komposthaufen.« So was können nur Gartenbesitzermeerschweinchen sagen. Das ist toll.

Es ist schön in Obermenzing am Blumenauer Weg in einem Haus, das der Feind aller Chipstüten ist. Schnell ist alles zu klein. Es ist immer alles zu klein im Leben. Das macht nichts.

Pia nimmt mich an die Hand, wir gehen zu den Apfelbäumen hinaus, und sie sagt: »schön«. Dann kommt Max dazu und fährt mit seinem Plastikbulldog gegen den zarten Stamm. Der Baum sinkt tödlich getroffen zur Seite. Es ist sein Baum. Der Baum, den sein Vater für ihn gepflanzt hat. Wir sind entsetzt. Max kreischt vor Vergnügen. »Warum tust du das, du Hool?« Pia brüllt. Die Nachbarn gucken. Max sagt: »weil.«

Das ist die Antwort. Warum ich all das getan habe? Wozu die lange Suche nach dem richtigen Haus? Die Sorge ums Geld? Der Wahnsinn der Architektur? Die Absurdität der Behörden? Warum Sehnsüchte und Enttäuschungen, warum das große Glaubeliebehoffnung des Hausbauens und Apfelbaumpflanzens?

Weil.

»Danke für dieses schöne Haus, danke...« Das Dumme an Danksagungen ist, dass sie sich oft wie Kirchenlieder anhören. Aber dann wäre dieses Dankeschön prinzipiell an Gott zu richten. Ich möchte allerdings den Architekten, Professor Andreas Meck, der unser Haus entworfen hat, nicht zum Größenwahn im Sinne seines (im 18. Jahrhundert lebenden) Berufskollegen Ledoux verleiten. Ledoux meinte, Architekten seien Götter oder wenigstens Titanen. Das ist natürlich Unsinn. Andererseits ist es eine große Leistung, einem kleinen Haus Leben einzuhauchen. Ohne Andreas Meck hätte es unser Haus wohn nie gegeben. Dafür möchte ich ihm danken. Ihm und all denen, die seinen Entwurf realisiert haben.